哈佛
人本管理学

[美] 乔治·埃尔顿·梅奥 著　刘霈 译

地震出版社
Seismological Press

图书在版编目(CIP)数据

哈佛人本管理学 / (美)乔治·埃尔顿·梅奥著;
刘霈译. -- 北京:地震出版社,2022.4
ISBN 978-7-5028-5414-0

Ⅰ.①哈… Ⅱ.①乔… ②刘… Ⅲ.①企业管理-人
力资源管理 Ⅳ.① F272.92

中国版本图书馆 CIP 数据核字 (2021) 第 276191 号

地震版 XM5150/F(6243)

哈佛人本管理学

[美]乔治·埃尔顿·梅奥 著
刘 霈 译
责任编辑:凌 樱
责任校对:鄂真妮

出版发行:地 震 出 版 社
北京市海淀区民族大学南路 9 号 邮编:100081
发行部:68423031 68467991 传真:68467991
总编室:68462709 68423029
证券图书事业部:68426052
http://seismologicalpress.com

经销:全国各地新华书店
印刷:固安县保利达印务有限公司

版(印)次:2022 年 4 月第一版 2022 年 4 月第一次印刷
开本:710×960 1/16
字数:131 千字
印张:13
书号:ISBN 978-7-5028-5414-0
定价:45.00 元

译者序

现代企业管理中，我们经常会听到“以人为本”的说法，这种“以人为本”的管理就是人本管理。人本管理是管理学四大原理之一，强调在管理过程中要以人为出发点和中心，围绕着激发和调动人的主动性、积极性、创造性展开一系列管理活动。这是一种符合人性的管理。

西方现代管理理论起源于十九世纪末、二十世纪初，当时现代工商企业开始兴起，泰勒的科学管理理论也随之产生。科学管理理论把人看作是“经济人”，认为金钱的驱动和激励是管理员工的有效手段。而到了二十世纪二三十年代，哈佛大学教授乔治·埃尔顿·梅奥通过主持著名的“霍桑实验”认识到：组织中的人应被看作“社会人”，他们不仅追求金钱收入，还追求社会和心理方面的满足，组织中的人际关系对个体的行为也有很大影响，而提高员工对组织的满意度就能提高劳动生产率。从此以后，“人本管理”成了管理界高频使用的词汇，如何让个人目标与组织目标走向一致，如何让个人在工作环境中获得自尊和满足，也成了现代管理研究的重要内容。

本书即是人本管理学的开山之作。近一个世纪前，梅奥教授和他的团队通过细致、科学的现场研究，奠定了管理科学中人本为主题的研究基础，为当时饱受两次世界大战重创的欧美工业文明开出了一剂良药，它使西方管理思想在经历了早期的管理理论和泰勒、法约尔及韦伯的经典管理理论阶段之后，进入了行为科学的理论阶段。

1924年到1932年，梅奥教授带领一批学者在美国芝加哥西方电气公司霍桑工厂进行了一系列实验，后来这些实验被总称为“霍桑实验”。

霍桑工厂是一个制造电话交换机的工厂，具有较完善的娱乐设施、医疗制度和养老金制度等，但缺勤、人员流动过快等情况仍然存在，工人们愤愤不平，工作效率低下。为探求原因，1924年11月，美国国家研究委员会组织了一个由心理学等多方面专家参加的研究小组，在该厂开展实验研究。这次实验的目的，旨在探讨工作环境、工作条件对工人工作效率的影响，但是实验的结果却非常出人意料——实验数据揭示了工作效率受管理方式的影响，其中起决定性作用的是劳动者的内在心理因素。

“霍桑实验”后，针对经济学理论中的“经济人”假设，梅奥教授提出了“社会人”的假设。他指出，人们的行为并不单纯受经济利益驱动，还受到社会方面的、心理因素的影响，而后者更为重要，即人们在工作中更看重精神激励与人际关系；他也第一次将企业中的非正式群体作为研究对象来进行论述，并指明了非正式群体在企业中的积极与消极作用，提出了正确处理非正式群体的方法。同时，他还提出了企业中提振士气的重要性，指出员工对企业的满意度是决定生产率的第一要素，驳斥了经济利益第一位的观点。正是这些通过现场研究确立的基本结论，奠定了人本管理的基础。

随着时间的推移，“霍桑实验”及其结论的影响力越来越大，一些大学也陆续设立相应的课程。在1949年，这一系列以人本管理为内核的理论被正式定名为“行为科学”，成为管理科学的重要分支。梅奥教授提出的人际关系学说及其观点，还逐步进入了企业：福特基金会成立了科学部，于1952年建立行为科学高级研究中心，并在1953年拨款委托哈佛大学、斯坦福大学等高等学府从事行为科学的研究；洛克菲勒基金会、卡耐基基金会也相继拨款支持行为科学的研究。1956年，美国出版了《行为科学》（第一期）杂志。在企业管理中，管理者也更为关注人的因素，重视人力资源的开发和管理。

今天，我们的社会与梅奥教授当年的时代相比已经有了巨大的改变，但是人本管理理念仍然是现代管理的核心。如何在新的技术条件下突出人在管理中的地位，实现人的全面、自由发展，是摆在企业管理者面前的要务，因此再次阅读梅奥教授的经典著作无疑是大有裨益的。

目录

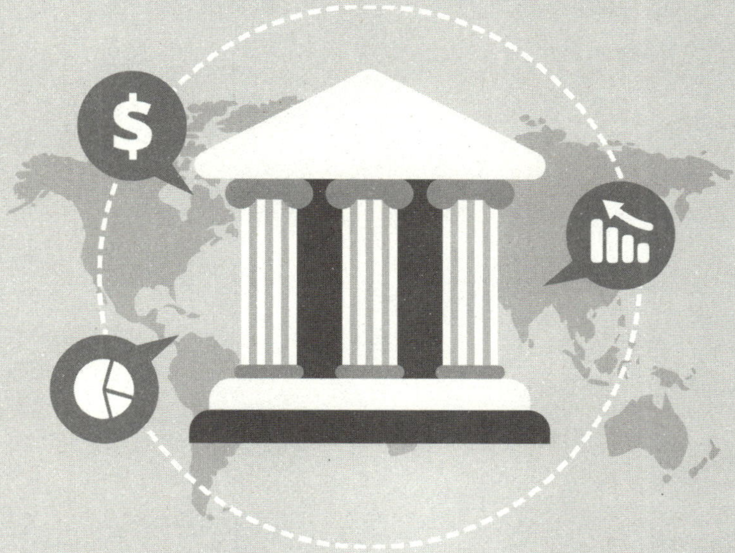

第一章　从现场实验开始的管理革命

经济学理论从某种角度来说是冰冷的，一旦涉及人的因素往往会出现非常大的谬误，比如经济学理论竟然将人类描绘成一群为私利所驱使的、为获取各种稀缺性资源而终日争斗的乌合之众。这一扭曲了人性的理论，也促使我们重新回到原点来探究人类的实际情况。如果要取代目前流行的、抽象的经济学概念和理论，必须具备从实际经验中得来的知识和对复杂的人际关系的近距离了解。这就是我所提倡的现场研究法，也是实验室研究必备的先决条件。只有行之有效的现场试验方法，才能进一步进行可靠的逻辑推导和实验诊断。

我们所进行的第一个现场调查，就遇到了之前假设所不能解释的范例，也就是"个人利益是推动工作效能的动力"这一假设。在20多年前，有人曾建议我去研究费城附近一个纺织厂并找出棉纺部门工人流动率过高的原因[1]。而这个纺织厂其他部门的工人状况普遍是令人满意的，雇主们都很好相处并且知情达理。从工作管理上来讲，工序组织有序，分配合理，人们都认为这个公司具有成功的管理模式。但就是这个工厂，总经理和人力资源部门经理对棉纺部门的情况却感到十分困扰。别的部门年工人流动率一般的预估都在5%~6%，但是棉纺部门的流动率竟然高达250%。换句话说，如果工厂要维持40个工作岗位，那么年招募人数就得达到100人。当工厂工期繁重的时候，这种人

[1] 关于这次调查更详细的报告见梅奥的《空想和工业疲劳》《人事杂志》第3卷第8期。——译者注

员匮乏的状况就更为突出了。

他们也曾针对这种情况专门聘请了效率提升方面的专业咨询公司，前后针对这个问题制定了4个薪酬激励计划。但这些计划无一幸免都失败了，不但工人流动率没有得到降低，生产效率也没能有所提高；最后工厂管理者没有办法，只好寻求大学的资源来谋求解决。虽然这一区域的其他纺织厂都已经承认对棉纺部门工人的低效率已经无能为力了，但这个工厂的总经理却拒不相信这一问题是无法解决的。

第一次现场考察时，棉纺部门的工作情况看来跟本厂其他部门的情况大致相同。全厂已经实行了一段周六日休息的制度，一个星期工作5天，每天10个小时，共计50个小时。每天分两班，每班5个小时，在两班之间有45分钟吃饭时间。棉纺机的操作工人被称为接线工，他的职责就是在一条约30码长的狭长过道中来回巡视，过道两旁是正在纺纱的纱架。这些纺纱架前后活动把棉纱从梳刷机中拉出来，加以扭转，卷绕在纺锤的线团上。这样的一部机器上大概有10~14个纱架，接线工必须要时刻注视纱线的状况，这些纱线经常断掉，一旦断开就要立刻接上。这样的一条过道上通常容纳2~3名接线工，具体人数视纺织的类型而定。在旁观者看来，这项工作是单调乏味的，全部工作就是在过道里来回巡视，续接线头。工作中唯一的变化就是在更换纱管时机器短暂的停歇。

从这一阶段开始直到后来，我们都受益于宾州大学医学研究生院的神经精神病学教授鲁德路姆医生的帮助。他派了一名持证护士作为我们团队的成员，她使工厂中的小诊所与费城的综合性大医院之间建立了联系。严重的疾病转送到大医院去，割伤或刺破等小毛病则由她自己处理。对这一安排似乎不用多加解释，工人们对这名护士和去往大医院进行进一步的诊疗服务都很满意。这些服务也容易被大家所理解。从一开始，在按时到工厂诊所去寻求护士服务的工人中，棉纺部的工人就占相当大的比例，他们在诊所和工作现场都能和我们团队的成员很自由地交流。当然大家都明白，我们不会将与他们沟通的任何内容泄露给其他的工厂成员。

当这些工人开始与我们交流后，我们发现的情况与我们最初观察时所发现的，已截然不同了。我们发现几乎所有接线工都有不同类型的脚部疾病，而他们显然并不知道怎么去进行有效的治疗。其中，有很多人也对我们说，他们的臂、肩、腿部都有不同程度的神经炎的症状。除了这些器质性疾病外，更为严重的事实是：这些工人在工作时明显感觉到悲观沮丧。毫无例外，这些工人都存在着这种情绪。而他们自身对于自己的工作也非常轻视，甚至比同厂其他部门对他们的评价更低。我们在观察中也发现这种工作让人感到十分孤独；虽然一条过道上有3个工人，但他们几乎整天都不交流。一个接线工在这边接线，另外一个可能在20码之外，而唯一停顿的换轴工序，间歇时间也很短，工人们很少有交流的机会。他们之中既有20多岁的年轻人，也有50多岁的中年人，但他们都说工作之后十分疲惫，根本不愿意参加晚上的娱乐活动。一个工人可能突然毫无理由地大发雷霆，然后拂袖而去，再也不回来工作了。

但是，整个棉纺部门却对工厂的总经理表示了很高的忠诚度。这位总经理曾是一名美国陆军的上校，在第一次世界大战前和第一次世界大战中为国服役。而工厂的很多工人在法国的战场上就是他的部下，在战壕里直接接受他的指挥，他们对他的评价都很高；很多人退役之后就追随他来到这个工厂。也许是因为这个原因，他们的悲观并不表现为对“上校”或者“工厂”的愤怒。很多人的情绪似乎来自对自身的忧郁，这种情绪经常会毫无征兆地在一些直接管理者的身上爆发。

通过讨论，工厂管理层同意我们在休息时间来做实验——上、下午各2次，每次10分钟的休息时间。我们对休息时间的改革使得工作被划分为：工作2小时，休息10分钟；再工作1小时30分钟，休息10分钟；最后是工作1小时10分钟。这样改变以后，实际上在上、下午的不间断的工作时段都得到减少。同时，在休息时间内，工人可以躺下休息，我们教会他们最大限度地进行肌肉放松的方法。我们也鼓励他们小憩10分钟，显然大多数人能够做到。

我们一开始只针对一部分接线员来进行试验，大约占全体员工的三分之一。一开始的反馈就给了我们很大的希望：工人们对这种改变很高兴并乐于接受；他们很快就掌握并采用了我们教给他们的休息方法。效果立竿见影，忧郁症状几乎完全不见了，工人也停止了流动，生产得到了继续，而士气也普遍得到了提高。而这种立竿见影的效果也不能单纯归功于消除了工人的体力疲劳，没有采取这一试验的其他三分之二的接线工也取得了同样效果。这些工人会在吃饭的时候同他们的工友来讨论这个试验，相信如果试验效果很好的话，他们的“上校”一定会将这种方法推广到他们身上。就在当年，也就是1923年10月，这一愿望达成了，由于管理层对于工人和工作状况的改进十分满意，他们决定将这一作息制度的改革扩大到整个棉纺部门。这也让我们能继续以前所不能开展的工作——计算休息时间对部门生产率的影响。

在1923年10月以前，棉纺部门从未在工厂施行的奖励制度中得到过奖金，在10月里和以后所记录的各个月份里，除了一个例外，这一部门的工人均得到了工资外的奖金。由于我已经描述过激励计划[2]，在此就不再赘述了。简单地说，这一奖励计划就是如果一个部门在任何月份里的生产量，超过了之前经过计算而得出的生产量可能值的75%，那么对本部门工人而言，都会在他的净工资率之外按照其超过75%生产率的百分比来获取额外的奖金。也就是说，如果在1个月内，每个工人

[2]　参见梅奥的《空想和工业疲劳》《人事杂志》第3卷第8期。——译者注

的每小时平均生产率达到80%，那么该部门的每个工人都可以得到每月工资的5%的奖金。正如上文所述的，在1923年10月之前，这个部门没有得过一次奖金。我们也没能得到实验开始前，也就是1923年10月之前的部门平均生产率的确切数字，但是管理层普遍认为该部门的生产率从未超过70%。

从1923年10月到1924年2月中旬这一段时期内，现场情况又发生了令人惊讶的变化。工人的精神和身体情况不断改善，过去单纯使用奖金的薪酬激励方法并没有在他们觉得疲乏的时候产生刺激生产的作用，他们现在却很高兴，在容易得多的工作条件下，他们却正在取得以往从未获得过的奖金。但是这个制度此时并不是令所有人都满意的，现场管理者就对机器还在生产时工人们却在睡垫上休息这一事实很不习惯。一名管理者指出，应该让工人利用休息的时间增收。也就是说，制定一个工作限额，如果在一定的工作时间内达到了这个限额，工人才可以休息。但是绝大多数工人每天仍然有3~4次休息。这个改革取得了良好的效果，每月平均生产率提高到了82%，这个结果对那些以前从没有获得过奖金的工人而言，意义是重大的。

这种情况一直持续到2月15日（星期五），当时因为产品的需求量提高，那名曾主张利用休息时间增收的管理者下令放弃了这一制度，结果在短短的5天内，生产率就跌到了几个月以来的低谷。2月22日，我们看到原有的悲观沮丧的情绪又全部回归了，而这也与生产率的下降趋势相吻合。于是，负责管理的人员又下令在2月25日恢复关于休息时间的制度；虽然这个制度是恢复了，但是关于利用休息时间来增收的观点却更加突出地被提出来。也就是此时，工人们对休息制度开始变得悲观，他们认为这一制度不久后将再次被取消。即使如此，3月份的记录也显示了一定的进步，但是月平均值却又恢复到之前的水平。

在这个紧急关头，公司的总经理（也就是那位上校）出面来解决问题了。他运用在军队中所学到的关键两点：一是关心他的部下，二是要勇于做出决策。他在办公室召开会议，专门讨论生产效率下降问题。我们指出3月份缺勤现象又复发了，而这个现象从去年10月份到今年2月份已经显著地减少了。这种现象的含义是工人们开始用“缺勤”来找回他们的休息时间，当然这个方法并不能对他们的处境有所改善，却引发了厂方内部的混乱。针对这种状况，我们指出，这个问题的关键不是工作时间被用作休息时间，而是不管你们是否给他们休息时间，他们都需要休息。进而我们提出要求，休息时间可以缩减，但是必须要有系统地执行。同时，我们也指出，这一休息制度并未得到公平试验的机会。从另一个角度来说，就是从工人进厂工作的时候就无法知道这一天工作是否确定有4次休息。

为了检验我们的意见，总经理下令在4月份棉纺机器每个工作日停开4次，每次10分钟，所有工厂员工全部按照规定休息。而在机器边开辟出40人休息的空间和摆放相应的睡垫实现起来是有困难的。并且除了总经理本人之外，很少人会相信这个果断的改革措施会提高生产。少部分人认为：1个月内，将有40个人每天损失40分钟工时，这个损失是无法弥补的。他们认为，既然机器不能“加速”运转，也就没有其他方式来弥补损失的工时。尽管一直伴随着这种质疑，4月份的产量确实较3月份有了提高。同时，工人们得到了休息，悲观沮丧的情绪也消失了；他们工作的干劲极大提高，缺勤也大为减少，而每个工人在其工资的基础上又获得了2.5%的奖金。5月份以后，总经理就发布命令正式恢复轮流休息的制度：主要的差别在于一条过道中3个人为一组，由自己来决定轮休的方式，保证每个工人每天有4次休息。5月份，平均每人每小时的生产效率都提高了，6月份则达到当时的最高值。此后的3个月里，这个部门的工作效率也一直保持着上升势头。

这次调查是从探求工人转业率过高的原因开始着手的。在试验期的12 个月中完全没有工人转业。这并不是意味着没有工人流动，在业务淡季中，有些工人临时被解雇，同时也有一个人因为搬家而转换工作，还有一个人因身患肺结核，回到了乡下。但是像之前那样的带有高度感情色彩的转业问题已经不复存在了。工厂留住了他们的棉纺部门和工人，同时在旺季时节保持这一部门的开工率也不再存在问题。而管理层对这一改革的支持态度也表现在他们的一系列行为：公司为了工人更好地休息而购买了一批行军床。但是因为行军床并不结实耐用，他们又设法在每一条过道的尽头加设了一个固定床位和床垫，让工人能够更加舒适地休息。而工人们也养成了在后 3 次休息中小睡的习惯：从经验来看，获取的收益是与消除疲劳的程度成正比的，这也是备有床铺的原因。几年后，总经理曾公开表示，从休息制度改革起，工人的年转业率降到 5%~6%，并且直到纺纱机改换之前都没有大的变动。

当我们完成了这一初步工作之后，我们也清晰地知道，我们的工作其实并没有完全找出工人转业率过高的原因。我们不能将改变全部归为休息时间制度改革的贡献，显然还有许多其他因素也促成了这种改变。例如，对于工人所说的话，即使是各种指责，我们也能专心致志地聆听；另外，在总经理的支持下，我们对任何关于改进试验及消除疲劳的最佳方式的意见和建议都加倍注意；而上校总经理也毫无折扣地践行了他在军队中的声誉，真心实意地关注他的那些部下——工人的福利；而那个曾经主张利用休息时间来增产的管理者已经被公司辞退了，这一举措把公司对于这一问题的态度深深植根于工人的心中。

尤其是，当时我们并未注意到的情况是：总经理已经在这些举措外，进行了另一个重要的改变。在他的扶持下，一群孤立的人转化为一个社会团体。在 1924 年 5 月，他果断地将对休息时间的控制权力赋予每个过道中的工人，并且不让别人去干涉他们。这一改变使得整个团队的工人及过道代表的工人集体之间产生了讨论，他们因此产生了自己是直接对总经理负责的感觉。这对社会关系的改变产生了令人惊异的效果，甚至对工厂之外的社会关系也产生了影响。一个工人十分吃惊地告诉我们，他又开始带着他的妻子在晚上去看电影了，而这是已经多年未做的事情了；而另一个工人也同样吃惊地告诉我们，他成功地戒酒了，而且在周末的时候也不会去借酒浇愁了。一般而言，用这个复杂的变化来区分此次试验在不同方面所起到的作用是不现实的。尽管我们本来想将这个试验继续下去，在当时的条件下也是应该继续的，但是显然没有达成共识。因此，这次调查研究尚留有很多疑问需要我们去解答，但不可否认的是，这次试验也为我们指明了之后的研究方向，而且今后一系列研究成果，也终将重新解释我们第一次研究所获得的第一手资料。因此，这次现场实验可以被视为管理革命的开始。

可以说，我们在企业管理方面前进了一大步。那些所谓的效率问题，专家并未与工人进行充分的沟通，他们从一开始就认为工人的意见夸大其词，与现实不符，所以不予理睬。但是这种在道德假设的基础上对重要现实问题的轻视——无论这些问题是什么性质的，都是荒诞不经的。而用这些专家的出发点——“社会是乌合之众组成和个人的自利本能假设”来进行问题诊断将不会有任何结果。相反地，通过细致、脚踏实地以现实工人的情况作为出发点来进行研究诊断，已经为我们带来了令人惊奇的效果。对这些效果的意义，我们当时只能部分地加以解释。

第二章　实验的缘起：缺勤及人员流动过快

从1933—1943年，哈佛大学的研究小组进行了很多性质不同的调查。对于这些研究，我将提到三种——罗特利斯伯格、福克斯和隆巴德对一个大百货商店的研究；霍曼斯[3]、库利和鲍登对宾夕法尼亚西部失业的研究；罗特利斯伯格、福克斯和鲍登对一个快速发展的小制造业公司的研究。前两个研究主要表述了要想了解行政管理和工人的关系，必须首先对工作团体进行充分研究的观点。而且第二个研究必须等霍曼斯回来之后才能很好地发展下去。我对第三个研究具有特别的兴趣，它表明一个规模正在扩张中的企业在工序上进行系统的安排的急切需要。涉及工厂的正式组织的一系列问题，已在上一章论及的经营管理上有所涉及。罗特利斯伯格、福克斯和隆巴德了解到了不少关于小规模制造业工厂在战时的扩张中所遇到的困难。许多企业，特别是在新英格兰，当它们雇员总数不足500人的时候，企业发展得很顺利，因为这种企业从某种程度上是由一个人或一个家庭来管理；它的经营相当令人满意，直到战时的需要使它的雇员数猛增到2000人左右，缺乏工序上系统的安排使这个问题骤然凸显，这些问题必须经过深入研究才能探求其根源。由个人或家庭经营的企业规模在200人左右时是有效的，但是当一个公司快速扩张时，行政机构的不完整，一定会引起个人决策和行为的拖沓不决和错误。上一章所列经营管理工序

[3] 霍曼斯，海军少校，曾在美国海军后备队服役。——原注

的系统安排问题，其重要性不仅是为了有效的工作，更在于它提供了建立合作的基础。这个事实得到广泛承认，组织的方法问题也受到了广泛的、甚至特殊的注意。为了本书表达的需要，我现在得回到工业中的“人的关系”这个主题上来，一般的假设是工序安排好的情况下“人的关系”也易于处理。这个假设在日常的实践中研究人事情况时常常被忽略了。

早在1943年，公众突然开始关心所谓的“缺勤”现象，人们相信战时生产效率因为工人们无意或有意的缺勤而严重下降。

有人为缺勤罗列出许多“原因”：疾病、通勤问题、家庭纠纷、消费问题等。也有人说收入增加使得工人毫无理由地在周末休息而不去做工。突然间，这种讨论在报纸、国会和公众集会中甚嚣尘上，以至于官方代理人要求我们对与战争有重大关系的三个金属工业公司进行彻底的现场研究。这三个公司位于东部海滨一个小型工业城市，它们彼此相邻，并且在工业上已有近200年的传统。这个地区的人口来源复杂，有立陶宛人、意大利人、爱尔兰人、加拿大的法兰西人，当然还有盎格鲁–撒克逊的扬基人[4]；战争使这个地方的人口增加了约12%，但是当地的传统并不欢迎来源复杂和新进来的人。整个地区似乎

[4] 扬基人，美国南北战争时南方人给北方士兵起的绰号，后来转为美国北部各州人的俗称，即“北方佬”的意思。现在，“扬基人”一词在美国国内和国外有两层意思。用于国内，它指的是新英格兰和北部一些州的美国人。用于国外，它泛指一切美国人。——译者注

普遍了解金属工厂里各个部门的情况。与美国其他地方相比，这三个工业城市的秩序被现代技术破坏的程度相对较低。

我们到达这个城市时，却发现当地对缺勤的恐慌并不逊于其他地方。我们观察了长期生活和工作在这个城市里的人，并了解了他们关于缺勤的解释。这些被采访者有公司的职员、工人、管理员，也会对一些偶然碰到的人进行随机采访。我们最常听到的解释是工人钱赚得多了，因此工人有资本在周末去近郊进行短程旅行以放松身心，以便自己更有精力开始新一周的工作。他们给我们提供了鲜活可靠的事例来支持他们的观点。然而，这些事例其实并不能判定缺勤“原因”的影响范围和重要性。

这三个公司的统计终究未能给我们多大的帮助。官方的公告或许能表明损失了多少以每人每小时为计算单位的工作量。例如，如果一个工人缺勤8小时，就意味着损失了8个人时单位的生产额——有时最终折合成货币价格。但是经过我们的调查，最后的那个数字并不完全可靠，我们看到在铸件车间里损失同样数量的人时单位，有时可以在生产量上引起相当大的损失，但是也有时一点损失都没有。第一种情况是由于缺勤，好几个炉子闲置不能工作，第二种情况是并没有因缺勤而有任何炉子停止工作。

当然，从某种程度上人时单位的数字可以直接揭示工厂工作健康情况。工厂每星期都会有专门的部门来制作一张表格，说明每一部门损失了多少人时单位，以及这种损失在计划的人时工作量上所占的百分比。一般来讲，薄板工场或铸件车间的损失区间为10%~14%，办公室部门的损失约在1%~2%。凡是反映了生产减少或特殊指明需要加以特别注意的事项，在表格上都有清晰的标注。这个表格还注明了一个星期中损失人时单位的总数量，以及这个损失数额在计划人时工作量上所占的百分比。例如，在一个几千工人规模的工厂里，这个损失总数在10个星期里超过了4000人时，这个绝对数字看起来相当惊人，但是百分比却并不明显。因为没有人能说，在对生产的影响上，办公室的人时单位和铸件车间里的人时单位可以相提并论；这两者之间很难用数字来衡量它们的权重。但有一种广泛讨论的观点是一个星期里所损失的人时单位能够折成金属等价物的重量。这种观点很容易看出它的荒谬之处，但却顽固地存在于管理者、工人们自己和工会组织人员的思想里，这是通过这次调查参与者对“缺勤”问题的讨论看出来的。

这个表格对我们仍然是有用的，因为管理者管理铸件车间里的麻烦，比之管理其他部门的麻烦更为棘手，更加亟待解决。工厂里的主管也告诉我们，铸件车间是整个工业里的“瓶口”。因为所有其他部门的运作都必须依赖熔炉里的合金供应。但由于我们进行的研究仅限于时间和人力，因而集中研究铸件车间的情况就成为必需的选择。我们接受专家的意见，决定在充分研究铸件车间的前提下，如有富余的时间和人力也将研究薄板工场（把金属板压成杆子、管子和薄板的工场）的情况。如果可能的话，还想再研究一个制造金属成品的部门，以便在三个部门之间进行比较。

关于研究方法和程序，我推荐读者们去读福克斯和斯科特所著的《缺勤：行政管理的问题》[5]。由于官方的人时单位表格对从事分析用处不大，因此我们决定，作为初步的和简单的指数，在所有这三个公司职员的配合下，选择了一些出勤率较高的人。我们希望能对一个部门里不同的工人个体中发生的临时缺勤的情况做更多的了解。但是我们立刻碰到了困难，我们不能用统计的方法区别出真正生病和假装生病的人。经过调查，我们很快就看到缺勤原因的记录是靠不住的。我们希望得到的是相当接近于事实的材料，虽然并不是完全的正确，因为完全正确仅仅存在于数学里；而在做出的实际决定中，所能获得的最好的材料也不过是接近于事实的材料。于是我们决定，在计算缺勤时，任何人连续几天缺勤时才记为缺勤一次。我们之所以采取这个办法是有充分理由的。例如，现在所出版的资料证实：在美国，缺勤的最大理由是疾病或受伤[6]，这与在英国和澳大利亚的情况如出一辙。我们的研究与疾病并没有直接的关系，因此可以选择把连续几天的缺

[5]　参见1943年《商业研究》第29号。——原注

[6]　参见英国《紧急时期报告》第2号及医学研究委员会工业卫生研究局的《工作时间，损失的时间和劳动力的浪费》（伦敦，国家出版局，1942年）。地方上得来的数字也是如此。——原注

勤看得轻些，把缺勤的频率看得重些。这种方法避免了不少混乱。例如，有两个男工在1942年都缺勤了22天。其中，有一个是因为患盲肠炎不能上工，连续缺勤了22天，而其他日子他从没有缺过勤；另一个一共缺勤了11次，每次2天，大多是在周末。第一个工人我们只算他缺勤一次，第二个工人要算缺勤11次。这个简单的方法不仅使我们的研究走上了正轨，而且清晰地表明了团体的出勤情况，而这种情况在任何简单的统计中常常不容易分辨得清楚。我们所要研究的聚焦于不包括疾病及意外事故在内的工人的出勤情况。

我们从一开始就计算那些在1942年一整年在铸件车间、薄板工场和一个制造部门继续受雇的工人，他们被我们称为“老兵”，因为这些人中的大多数依旧在原来的公司里做工。从公司记录里抽取出来的一些事实使我们很惊讶，甚至负责记录的职员也觉得惊讶。例如，甲公司附属的制造厂（称为丁公司）总数103个工人中有37人全年没有缺勤，26人缺勤1次，15人缺勤2次，8人缺勤3次。值得注意的是最大的一组是从来没有缺过勤的人，其次是只缺勤过1次的一组，再次是只缺勤过2次的一组。全体工人中只有7.8%的人在这一年里缺勤超过5次。因此，我们可以认为，这些数字表明了缺勤次数很少的工人的工作是很负责的，他们不能出勤是因为外部或家庭环境的某些事情被迫引起的。我们在研究的最后阶段，通过随意访问的方式证实了这个结论。我们也听到了缺勤10次以上的3.9%的人，即4个人，讲述的各种理由，他们占了很小的比例，因此不足以作为批评整个部门工作的理由。

第二个例子为我们提供了1942年甲公司和乙公司缺勤情况的相关数字。甲公司老兵（如前述的定义）的总数是166人，乙公司老兵的总数是433人。这两个公司的工人中“没有缺勤”和“缺勤1次”的数量超过总数的50%（甲公司56%；乙公司54.4%）。与之前的例子相似，大多数员工出勤状况良好，一年中最多缺勤5次；只有个别员工一年中的缺勤次数在10次以上，是由于家庭和外部环境造成的，没有普适性。

再以甲公司的3个铸件车间为例。我们发现影响铸件工人出勤的因素对薄板工场和制造部门的工人并没有很大的影响。工厂方面的意见是，铸件车间的工作条件比较恶劣，熔炉的高温、火焰和其他不利因素是造成这个区别的主要原因。我们也知道，铸件车间的生产压力确实比其他车间大。但是这在战时是无法避免的，因为工厂里其他每一个部门都依赖铸工所供应的合金。我们看到铸件车间全年缺勤次数少于6次的工人的百分比在甲公司是63.59%，乙公司是65.6%，丙公司是72.2%。但是，我们意识到在铸件车间里体力上所承受的艰苦并非缺勤的决定性因素，因为丙公司的铸件车间的工作条件比甲公司和乙公司的铸件车间要好得多。丙公司装备了一个新的铸造厂，熔炉和铸模的操作比较方便，因此比在甲公司和乙公司的工厂里工作要舒服得多。但是在出勤率上却并未体现出相应的差别。

在进行这个工作的同时，我们还准备了一张3个车间的老兵的名单，在每一个人的名下记录每月缺勤的次数。丙公司在1942年比其他两个公司突出的优越性集中在这一年的最后几个月里，且这个优越性标志着一个新趋势的开端。甲公司老兵缺勤率的提升迅速而持续，乙公司的缺勤率增加幅度也相当大，但是丙公司的缺勤率在1942年7月到9月这一季达到峰值之后就开始下降。而在1943年的第一季度，三个公司的差别就变得明显了。即使我们假定，在战时生产紧张的年度里，在劳动力匮乏、工资较高等因素的驱使下，我们还是必须要解释为什么甲、乙两公司受到了上述驱动因素的影响，而丙公司却能有力地加以控制并转向一个向好的趋势。我们必须继续对每月缺勤的工人进行更加深入的研究。

我们把那些从不缺勤的工人到缺勤5次的工人认作是经常出勤的人，通过深入调查其中不同的例子，我们发现了一些情况。例如，1年中缺勤3次的可以说3次都是出于某些环境上的事故——由于20多千米的公路冰冻了，孩子或爱人突然病了，或者其他这类往往被认为是外在的因素。我们于是把从不缺勤的工人到缺勤5次的工人构成一组“经常出勤的人”，至于工人之间的差别则是出于不能控制的某些外在环境。因此，我们把铸件车间的记录中凡是在15个月里缺勤未超过5次的工人从公司的名单中抽取出来。于是，我们发现甲公司和乙公司的缺勤率在15个月的后期上升得更快，而丙公司的出勤率却在1942年第三季度大有改进。甲公司被研究工人中15个月里缺勤没有超过5次的有55个，但是分割成各个季度来看，缺勤数字从1942年第一季度的13次上升到1943年第一季度的70次。乙公司这一类的工人有73个，缺勤数字从1942年第一季度的27次上升到1943年第一季度的68次。但是丙公司70个这样的工人的缺勤数字却从1942年第一季度的20次上升到第三季度的58次之后，在1943年第一季度下降到31次。这些数字似乎又指出有某种不良因素影响了甲公司和乙公司，而丙公司却有效地控制了这种因素。

我们似乎看到了甲公司和乙公司经常出勤的人的行为一般是在退步，而丙公司经常出勤的人在这方面的进步十分突出。因此，我们需要更加深入地研究丙公司的情况，并同甲公司和乙公司相似的情况进行比较。

不论是看铸件车间全体工人的记录，还是看其中相对来说经常出勤的工人的记录，两者都使我们相信，造成这种显著差别的原因是管理方法上和内部组织上的某些特点。有没有可能简单、直接地找出这些特点呢？

现在问题既然已经清楚和具体了，那么答案也就不远了。有三桩事实，它们几乎是同时被发现的，引起了我们的兴趣：

第一，20年来丙公司一直在细心地教导领班，管理员的能力包括两个部分：一个是技术上的胜任，另一个是具有处理人际关系的能力。换句话说，负责培训工作的经理们不仅教导即将成为管理员的人员工作上的技术细节，还教导他们有条不紊地处理工人之间的关系。培训经理给领班们灌输了三项基本规则，也可以称作解决人际关系问题的三个方法。它们是：

（1）有耐心。

（2）倾听。

（3）不发脾气。

在这个基础上，丙公司自身建立了上下联系的制度。但是，这个基础的前提是领班要有耐心倾听别人的话，领班们的工作一定也允许他们有时间去这样做。这就引出了第二桩事实。

第二，公司为领班安排了一些技术过硬的助理员。这些助理员担负起领班日常例行的技术责任，因此就给作为这个队伍的领班者以充裕的时间解决人际关系问题。通过坚持从下而上的适当的联系，来作为通常的由上而下的联系的补充，丙公司获得了许多好处。换言之，上下沟通的改进使得在其他工厂里从来没有搞清楚的许多问题能够适时暴露出来。例如，工厂有4行熔炉，每行由1“队”工人操作，他们分为3班。整个团体的工资是按24小时出产量计算的——所以一班可以弥补另一班碰到的困难。这不仅是一种抽象的“队伍精神”，事实上任何一班在工作的过程中都会尽心尽力，毫不放松，在下班前把熔炉再装满一些不仅对接班人员有好处，对将要下班的人也有好处。公司的职员声称，他们合作的基础是“全队协作，不推卸责任”，这很清楚地反映了“贯彻下去”的思想。

第三，由领班和同班的工人每星期一起安排每人哪一天获得“休息”（7天休息1天）的权利。如果有一个工人不合规矩地缺勤，那么其他人的休息安排就被打乱了。这个制度实行的结果是对个人产生了一种压力，而这种压力是“行政管理上从来不敢轻易行使的”。丙公司的行政管理采取具体有效的方法来保证每个人对他的工作感到满意，同时也有了相互之间的责任和团体协作的意识。

丙公司内部组织上的特点使我们间接地看到另一桩事实。从上文所述的情况来看，丙公司的状况有些令人失望。我们希望观察到更大的差别，因为丙公司的技术设备和工作条件相对来说都较好。我们现在了解到，工作条件的改进固然可能是团体协作的必要基础，但这种改进本身却并不一定会带来更好的团体协作。丙公司的新熔炉大约是在1941年12月1日投入生产的，而在12月7日，美国发生了“珍珠港事件”。战争大大加剧了这些公司的压力。1942年上半年，丙公司一直在面对艰巨的挑战，不仅要求铸件车间快速增加金属的产量，而且要求招聘许多新工人加入公司相当复杂的工作过程中。丙公司于1941年10月开始招收新工人，到了1942年的第三季度，所组成的队伍已经能够自发地工作了，这一点不难看得出来。我们现在已经明白，这里所引用的1942年的数字可能正是对丙公司特定的不利时期的真实反映。

丙公司在1942年10月到1943年3月这六个月的出勤情况证实了我们观察到的另一个事实：丙公司的经常出勤的工人（少于5次缺勤的）是89.9%，乙公司是79.3%，甲公司是73.3%；在丙公司138个人中只有8个人在这6个月里缺勤多于6次，而乙公司169个人中有29人，甲公司则150个人中有31人。

在1943年底和1944年初，我们又在加利福尼亚[7]南部的一个重要的战时工业企业里进行了同样的研究[8]。这次研究所显示的情况极不相同。该州人口结构很不稳定，大量人口进入或离开该州，也有相当数量的人口在州内迁移。洛杉矶战时劳动力委员会的职员告诉我们，每个月有25000人左右进入加利福尼亚南部，每个月迁出的人数在12000~14000人。1942年10月以后，新进该州9%的人是找工作。在战前，工业在加利福尼亚并不占主要地位，而在1940年以后，包括造船、飞机及其他项目的工业增长速度非常惊人。例如，临近洛杉矶的某工厂工人数量在两年中从原来的3000人骤增到近50000人，而这正是1941年12月到1943年下半年一切战时工业的特点。这种“爆炸”式的增长却使得陆军和空军失去了最佳素质的军人，因为那些最好的技术人员和具有团队协作精神的人员正是征兵的最佳人选。加利福尼亚的

[7] 加利福尼亚位于美国西部，南邻墨西哥，西濒太平洋。加利福尼亚别称黄金州，面积 41.1 万平方千米。——译者注

[8] 参见梅奥和隆巴德的《加利福尼亚南部航空工业中的团体协作和劳工转业》（哈佛大学商学院研究所，《商业研究》第 32 号，1944 年）。——原注

工业有别于美国东部，从高级管理者一直到各级别的工人大都是年轻的，其队伍的核心鲜见年纪大的和有经验的工人。

因此每一个部门或每一班的出勤率对我们用处不大。工厂可能存在着一个规模较大的工作队伍，但是在每一个我们所研究的工厂里，差不多总是有相当多的“不经常出勤”的人数。在美国东部，我们很少看到不经常出勤的人超过10%的（如果发现这种情况，就表示需要我们立刻进行研究），而在加利福尼亚，不经常出勤的人达到40%或50%都是相当平常的。也正是这些不经常出勤的人导致了很高的转业率。

因此，我们必须离开“部门”或“班”等较大的团体而“深入下层”，试图找到在日常工作中紧密协作的小团体加以研究。最终，我们找到了71个这样的团体，并得到了可靠的信息和出勤记录。

我们在美国东部和中西部工业调查经验使我们把在12个月里少于5次缺勤的人归为经常出勤的人。在这个假定下，一方面，我们看到71个工作团体里，有9个是100%经常出勤，有10个74%或者更大比重经常出勤；另一方面，坏的团体的表现的确非常糟糕——常常是根本没有一个经常出勤的工人。在这些经常出勤的团体中，我们观察到三个类型。

第一，团体很小，从二三个到六七个工人不等。有12个这样规模的团体差不多达到全部出勤。小规模的团体更容易发展出亲密的关系，而且整个团体也期待着每个人都能经常出勤。

第二，团体的规模较大，但有一个经常出勤的核心。例如某出勤率高的团体里共有30个工人，其中8个是老兵，他们的出勤率是83%，另有22个是新手，出勤率是78%。

第三种类型特别值得一提，它的形成是由于某一个具有权威的人，或是工人们推选一个他们认为代表权威的人有意组织的。

我们再来看加利福尼亚南部一个工厂里的一个小部门的情况。这一小群工人被誉为“像海狸一样工作的人”。他们的领班说，他们的工作效率（每人每小时的产量）比这个工厂的平均数高出25%。乍一看，这样的表现同美国东部海岸历史较久的工业区的工厂比较类似。90%的工人是经常出勤的，其中很多是从未缺勤过的。当然除了几次受到高温的伤害，工人中有提出请假而不得不由公司的医生送回家去的情况。

上述团队的情况并非偶然。直接对这个团队负责的是一个年长的领班助理和一个“带头工人”。领班对这两个人的工作都给予了高度评价，但他自己却忙于技术上和组织上的细节。领班助理和那个“带头工人”都深信团结是工厂里的头等大事，也是可持续生产所必需的条件。然而，他们的兴趣并不在于持续生产，相反地，他们常常对我们夸耀自己在行政工作和人事方面很有办法。同时，他们也很有信心，在他们的团体里缺勤和转业不会成为问题。

“带头工人”的表率作用和领班助理的支持成就了这个让人欣喜

的局面。那位“带头工人”的很多时间是用来协助他人的工作，他的主要活动包括：第一，帮助别的工人；第二，克服技术上的困难；第三，作为这个团体和外界关系的中间人。“外界”指的是检查员、计时员以及部门的工头。

最后两种活动我不必在这里讨论，但是这位“带头工人”给其他工人所带来帮助的意义非常重要。他首先倾听一个新来的工人的心声，把他介绍给他的工作伙伴，并且设法帮他建立起和谐的工作关系。新来的工人工作了几天以后，“带头工人”会替他办理一张通行证，带着他去参观装备线，使他了解自己在整条流水线上所担负的职责。其次，“带头工人”还要听取老工人和新工人所倾诉的个人问题。“带头工人”说，装备线上的管理，甚至最上一层的行政管理，并不能足够了解人事问题上时刻变化的新要求。他说，在这些日子里，人们的思想比他们过去的更复杂，“强制的方法是行不通的了”。他举出许多自己团体里的例子来印证他的话。值得注意的是，他的团体里有许多成员对厂内其他方面很不满意，如果不是某些公司职员引导他们到现在这个部门来工作，他们早就转业了。此外，一个有意思的现象是，这个部门里的工人在同我们谈话时，常常说“我们”，而这个厂的其他部门的工人却总是习惯于说“我”。

上面述及的团体，如果按现在的路线发展下去，一定能表现出现代工业的特点。这个团体的成员有不同地区的人，有加利福尼亚人、俄克拉荷马人、阿肯色人，还有很多其他地方的人。我们真的很诧异，在战时来自美国全国各地，包括东部、中西部和其他人毫无障碍地被吸收在同一个工作团体里，结果他们确实是“形成了一个队伍”。我们不准备在这些少数例子的基础上做出任何结论，但是作为一种观察，这些事实在一定程度上值得我们思考。

我简单叙述的四个例子同我所主张的论点关系如此密切，以至于许多人会认为这些例子是特地为这个目的而选择出来的。但事实却并不是这样。我认为工业研究部记录的任何例子都会有同样的说服力。我的同事们已出版的著作所提供的资料就足以证明这一点，而且将来还会继续这样做。我并没有挑选某些特定的事例并有意忽略了其他的事例来支持我的论点，我相信我们第一手得到的每一个事例都是典型的证据。以往关于工业中的理论和实践存在着对问题性质普遍的误解和对有效补救办法性质的误解。我的选择有两个理由：第一点是相对次要的，我所选择的事例是我自己直接感兴趣并持续关心的；第二，我认为所选的事例对工业情况的概念可以有所贡献，对我们的思想会有所启发，甚至可以改变我们的思想方向。

这种启发的性质是什么呢？我想这个问题可以做如下解答：

第一，面对工业企业里的其他人事情况，行政主管们所要接触交往的是组织紧凑的团体，而不是一群乌合之众。凡是因为外在环境导致这类团体未能组成的（如1943年的加利福尼亚），其直接结果就是工人转业率和缺勤率过高。工人们要同他们的伙伴在工作里继续合作的愿望是很强烈的。行政管理上如果忽略这种愿望，或是有压服这种愿望的愚蠢企图，都会立刻引起行政管理的彻底失败。在费城，效率专家假定经济刺激是最重要的，这一假设是不正确的。在组成工作团体的条件没有齐备之前，经济奖励的办法压根儿不会发生作用。

第二，我们无法根据一个人就业之前的技术能力就判断出其在工厂里的行为，考察这个人和别人相处的能力和在团队里的适应力倒可以得到更好的结果。普遍的情况是，就业之后，他同“队伍”的关系将决定他所具有的能力可以发挥到什么程度。在霍桑实验室里最有成绩的工人是二号司机，在电话接替机的装备线上表现最差的工人是四号。但是在好几年的实验中，后者在很多点上表现几乎同前者相同。他为了要完成他的产额需要付出很多的努力[9]，但是在实验里向最优秀的工人靠近以及与其他队员和谐相处的愿望成了支撑他的动力。

第三，管理者如果不把工人们看作是普通的乌合之众，而是按照研究所显示的情况来处理事情，所获得的结果是惊人的。在费城，转业率从原来的近250%降低到5%，生产力大大提高，浪费也有所减少，缺勤问题不再严重。在加利福尼亚，一个带头的工人号召一群工人在流动率极高的环境里维持生产。此外，希望与他人合作和融入组织的

[9]　参见T.N.怀特赫德的《产业工人》第1卷。——原注

热切期望依然是每个普通人的本能，因此明智和切实的行政管理应当充分利用这种期望。这些事实表明我们可以解决这些问题，虽然解决的进程可能非常缓慢，但是我们毕竟已经开辟了一条能够有效处理变化中的工业文明所发生的社会问题的道路。

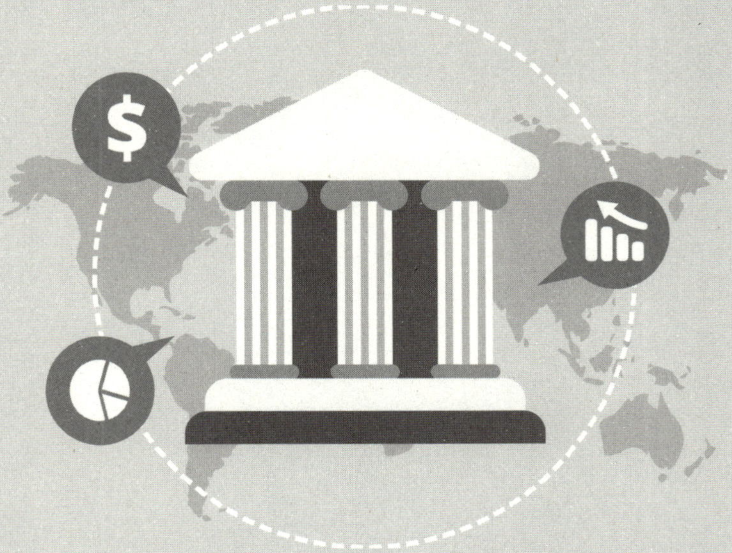

第三章　霍桑工厂和西方电气公司

我们不能认为这几章所选取的供我们讨论的案例是哈佛大学工业研究所全部研究成果的报告[10]。在未来，和我一起从事这项研究的同事将会提出更多的相关研究报告，而这些报告的论述将比现在的叙述更加令人信服。我们之所以选取某一个案例的主要原因是我们从这个具体工业领域的经验中获得了更深刻的认识，而这里将提出的一些调查研究都是曾经对我们研究所的研究发展起过显著的作用的。在这些调查中，最具代表性的可能是与西方电气公司的霍桑工厂的职员们一起合作了5年多的试验调查。在费城，我们幸运地找到了一位陆军上校出身的总经理，他勇于推进那些具有决定性影响的试验，而且在试验后，也不惧怕对试验的结果进行果断的执行，更重要的是他的行动在工人们看来是为了他们的利益。更具体来说，他认为控制工人的休息时间是合理的，并因此赢得了工人对于他及他代表的公司的自发的忠诚。可以说，我们在霍桑工厂遇到了同样一类工程师，尽管他们是应用科学及工作管理方面一流的专家，但是他们仍然愿意探究为什么人际合作关系不能由管理方决定的原因。

在叙述此后工业研究的进程之前，我必须在这里简要描述一下霍桑工厂的基本情况。假如按照工人的意见和工厂对工人真实福利的关心程度来排名，那么，西部电气公司肯定名列前茅。与同行相比，西

[10] 这个研究部的研究工作的简单叙述和研究结果见本书附录。——译者注

部电气公司工作时间较短，工资较高；厂内设有内部餐厅，饭菜可口，价格便宜；外来客人总是被行政管理人员带到这个餐厅进餐，让他们尝尝为工人准备的食物；还有一所装备良好的医院，设备齐全，医务人员资质很高；人事部门尽心尽力，引导工人从业，统计数字显示他们做得极为成功；20多年来，这里从未有过罢工或严重不满。毫无疑问，这里的总体士气，不管用什么标准来衡量，都是高昂的，公司在雇员心目中很有威信。更不用说，公司为员工制定了各种储蓄和投资计划，还有休假制度，及大量诸如此类的措施，足以显示出其决心最大限度地实现人性化管理的意图。要说起这些事用一章的篇幅是不够的，需要一本书才行，而那就要偏离我的主题了。

我将不会再赘述那些已经被充分阐释过的事实。对此感兴趣的人们可能已经熟知了由我在哈佛大学的同事罗特利斯伯格和西部电气公司的迪克森所共同撰写的关于这一试验的正式报告——《经营管理和工人》。但是这些感兴趣的人们可能没有发现我另一位同事怀特赫德关于这方面的论著——《产业工人》[11]。如果没有读过这本书，你将很不幸地错过了今后10年内将遇到的管理问题的初步解决方案。我在这里所指的问题是那些涵盖工作团队的形成和重构过程中所遇到的问题，这些问题对于战后社会合作关系的重要性尚未引起大家的重视。

[11] 参见《产业工人》（哈佛大学出版部，1938年剑桥版）第2卷。——原注

如果大家有意了解这方面的问题和解决方法，可以特别关注这些论著，而我在此的讨论将仅关注这一系列试验所得出的一般结论。

西方电气公司的优秀工程师们并没有被其设计的“照明对工作影响”实验没有达到预期效果而击倒。这个科学试验的各种条件是很完备的，包括实验室、控制室、试验流程的设计以及其他条件都得到了适当的控制。但结果却令人困惑，他们举了两个实例来表明：当调亮实验室里的照明灯光时，产量上升，控制室里的产量也随之上升。而反向操作，调暗实验室的照明灯光，从10支光源变成3支光源，产量仍然是上升。而控制室里的照明条件不变，产量也仍然是上升的[12]。而更多的试验，都得不出相应的结论，尽管过去我们会很容易地认为照明对工作是有影响的。

如果是物理或者化学方面的问题，现代社会的工程师们都清楚怎样去改进流程和校准误差。但是如果涉及工人最佳工作条件的确定时，往往就会把其交给习俗、教条以及某些类似玄学的观念来解决。在现代大工业中，管理上存在着三个一般性问题：

第一，把科学技术应用于物质产品的生产。

第二，系统地安排工序。

第三，组织中的团队协作。

---

[12] 参见《经营管理和士气》第9~10页。——原注

在最后一个问题中，我们应该考虑到在一个适应型社会中，对具有工作条件的团队协作不断改进的方式发生改变了。

在三个问题中，第一个问题是经常性试验的主题，具备很大的权威性；第二个问题在实践中可以得到充分发展；但与前两个问题相比，第三个问题似乎被完全无视了。然而，如果三个问题的平衡被打破了，那么总体看来该组织将不会有所成就。正如巴纳德所说的，前两个问题的作用是使一个组织更有效果，而第三个问题的作用在于使其更有效率。越庞杂的组织越依赖于该组织中每个成员的通力合作。

潘诺克先生和他的同事开始建立实验性的“测验室”的时候，尚未知悉这种看法。但是照明实验的失败使他们注意到需要对实验室里除了明确的工程和工业设施之外所发生的情况加以详细的记录[13]。因此，他们的观察不仅包括工业上和工程上的变化，也包括心理上或医学上的变化，以及某种程度上还包括社会学和人类学的变化。这些记录采取日记的形式，尽可能详细地记下每天的实际情况，而这些记录对于怀特赫德在整理资料和更新生产量的变化以计算时，被证明是相当有用的。这样他就可以将产量曲线上的异常现象，直接联系到当时的工作日或者工作周所发生的实际情况。

[13] 关于这个实验布置的详细报告，详见罗特利斯伯格和迪克森合著的《经营管理和工人》，以及 T. N. 怀特赫德的《产业工人》第 1 卷。——原注

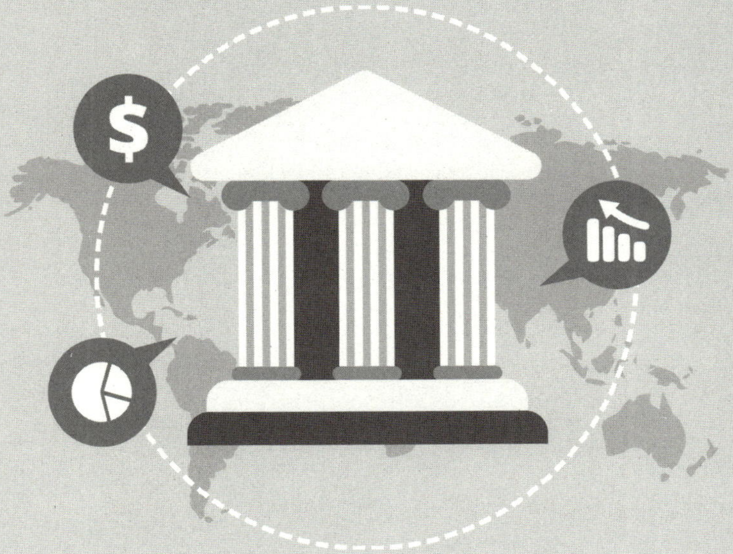

第四章　初期实验

在1926年我涉足这个实验时，我的同事从经验中发现，可以将精心设计和实施一项对人的工业化问题的调查进行系统地组织起来，但是，他们并没能彻底说明这一点。在长达3年的时间里，西部电气公司与国家研究理事会[14]合作，试图对工人及其工作环境、照明的效果进行评估。这些实验至今没有任何官方报告发表，因而也就不可能从中引述关于其使用的方法和获得的成果的任何文字章节或段落。但是，我确实知道，有两组工人参与了调查，他们在照明条件相同的两间房屋内做同样的工作。实验中，只在其中一间房屋内，逐步地慢慢降低照明度，记录下各个照明水平下的产量，以便与另一个仍然充分照明的房间的产量做比较。然而实验的目的未能实现，这是因为无意之中，相互依赖的各种因素不知发生了何种复杂作用，工作组织之间的均衡被打破了。

这个失败并非毫无意义，部分是由于这个失败的刺激，实验者们又做了进一步的实验。但是，除了这类方法问题之外，还有许多非常重要的具体问题，管理者希望得到不受自己观点影响的客观回答。当时，研究疲劳、单调及其对工作和工人的影响正风靡一时。有没有可能清晰阐明这些工业化条件下的事物究竟起了什么作用？进一步说，

---

[14] 国家研究理事会（The National Research Council），是美国国家科学院（United States National Academies）的执行机构，组建于1916年，主要职能是对重要科研项目特别是具有社会效益的项目给以资金等方面的支持。——译者注

任何拥有和管理成千上万雇员的公司，自然要制定自己的管理方法或“政策”，但是，公司管理雇员的方式，一般也都没有任何令人满意的实际价值标准。机器如果效率低下，是能以某种方式表现出来的；然而，管理人员的方法，却难以显露，其根源在于原来只是习惯和实用，而不是出于智慧。出于诸如此类种种考虑，才于1927年4月开展了第二次调查，或者说是一系列的调查。

大家对于这些事实已经很熟悉了。简单来说，首先，在我们实验室开始工作时，我们是想取得工人们的积极配合。而经过了一段时间，特别是原来的技能水平在两端的工人退出，新的工作平台的工人进入团队并担任其非正式领导之后，这一点得以实现。正是从这一时期起，怀特赫德或者罗特利斯伯克和迪克森所提供的论据也表明这些人已经由一群零散的个体而变成了一个团队，他们全身心投入到这个机会中来。其次，我们每隔一段时间对工作条件做出一项改变：休息时间的次数和间隔、缩减工作日、缩减工作周、在上午供应食品或咖啡。我们也得到了满意的效果：产量记录（作为福利指标）由最初的缓慢上升到后来的急剧上升。与此同时，团队中的女工也表明她们工作的疲劳感有所降低，不再感到那么吃力。无论这些说法是否恰当，她们至少表达出在实验室里比在其他部门普遍更为满意。在计划进行过程中，我们做到了采取任何举措前都事先跟工人们沟通协商，而她们也做到了对管理方面自由表达，知无不言，言无不尽。我们一共采取了12项不同的试验条件，改变后又回到原来的工作条件——没有休息、没有加餐，也没有工作日和工作周的缩减。在这样的12个星期后，我们又安排了这个团队回到第7期的工作条件——上午有15分钟休息时间和加餐，下午有10分钟休息时间。现在大家已经了解这中间的经过了：在第12期，每天或每周的产量比任何其他时候都更高（每小时的生产率本身调整略略下降一些），整整12个星期“没有下降的倾向”。接下去的一期是回到第7期的工作条件，产量曲线提升到更高的水平——这个第13期一共持续了31个星期。

第12期和第13期的情况证明，产量的增加并不同试验条件的变化一一对应。其中的一些主要的变化是导致产量逐步上升的主要原因。除了某些次要的限制条件，例如“个体的休息”之外，第12期虽然在名义上恢复到原来的工作条件，产量曲线却继续提升了。实际上，这并不是完全恢复到原来的条件。这提醒了观察者注意另外一个事实：第7期、第10期和第13期，在名义上的工作条件都是完全相同的——上午休息15分钟和一顿加餐，下午休息10分钟，但是每一个女工每周的平均产量分别是：

第7期——2500单位；

第10期——2800单位；

第13期——3000单位。

第3期和第12期相似，都是全日工作，没有休息时间。但是女工的每周平均产额是有差别的：

第3期——少于2500单位；

第12期——多于2900单位。

我们可以将这种情况与照明试验进行比较，同时也让我们与费城的试验联系在一起，那里的棉纺部门的一个试验小组的工作条件改进不仅提升了这一小组的士气，其他并没有改变工作条件的两个小组的士气也得到了提升。

这个过去时常被我们留意的有趣结论，现在已经毫无神秘之处了。我常常听到我的同事罗特利斯伯格提起，当那些主要的试验条件改变时，团队负责人总是要设法取得工人的协作，因为他们为了实施这些试验，必须要紧密地掌控整个形势。实际的结果是，参与试验的6个工人结成了一个团队，而这个团队完全是自发地在试验中达成通力协作。他们最终感觉自己是自由地、自愿地参与到这项工作中来，并且在工作中他们也很高兴地得知他们开展自己的工作并不受上下级关系的掣肘。他们对试验的结果也是惊诧万分的，因为他们过去在从事同样工作时承担的压力要大得多。在这点上，他们与前文提到的棉纺工人的情形是类似的。

从这一问题可以引申出值得管理者密切关注的两个命题——工作团队组织和使这些团队成员能够充分自由地参与到影响其团队任务和目的的活动中来。

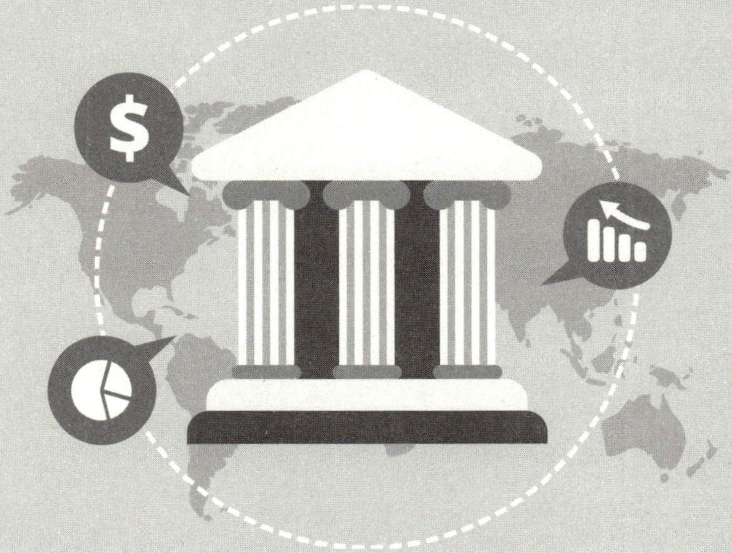

第五章　访谈实验

当时我们尚不能得出结论：对于实验室和其他工厂部门工作条件的改变所导致的准确的区别，还无法清晰地了解。因此，公司管理层决定再了解一下实验室范围之外的其他部门，他们认为在这些部门中一定能够观察到一些重要的现象，而这些现象中就有值得注意的地方。于是，产生了访谈计划。

访谈计划旨在研究在实验室里所不存在的“阻碍”或约束，性质究竟为何。在两年半的时间里，我们访谈了2万人，调查研究经历了以下几个阶段。

（一）首先，它本质上是工业领域的调查，特别是试图发现工人感受到的“阻碍”或约束，是不是与管理人员的工作方法缺陷有关。

（二）曾经在研究进程中被一个情况所困扰，那就是访谈中听到的相关人员的意见并不充分可靠，不能以之为据来改革行政管理政策。为此，我们参考了多种关于交谈沟通的心理学理论，并试图将那些意见中的扭曲或夸张成分与提意见者的个人经历和个人社会环境联系起来。在这一阶段，调查研究倾向于弱化一下外部的和社会情境的作用，加强对个人的心理学分析和精神分析。不过，我们也掌握了访谈的可靠技巧，发现了几位本领高超的访谈者，这可以算作是副产品。

（三）在第三阶段我们又发现，进行不折不扣的匿名访谈尽管可以了解到一些个人的背景，但是使得本项研究丧失了将这些意见和提意见者实际所处工业环境联系起来进行分析的机会。也就是说，将这些意见与特定的职业条件实际联系起来分析的机会。因而，最终所做的方法创新，是试图通过访谈和直接的观察，同时对一组工人中的每一个人进行研究。在一个特定车间里，观察每日每周发生的事件，观察变化中的群体关系，以得到一个背景。根据这个背景，可以解读和理解小组成员在访谈中表达的许多意见。

在实验之初，我们很快就发现回答式的访谈在这种情况下是毫无用处的，而工人确实是愿意谈话的，但是这必须是在其保密性得以保证后，并且能够与代表公司或者是具有权威的人士进行自由的交谈。这个经验的本身是不平常的，这个世界上，专注、耐心、体贴、能够不加己见地倾听他人意见的沟通对象很少。要做到这一点，需要我们对访谈者进行培训，训练他们如何懂得倾听、不轻易提出意见和建议、并且保证能够让谈话者毫无阻碍地表达出自己的想法。因此，我们制定了一些大概的访谈守则来指导访谈者的工作，这些规定大体如下[15]。

（一）应当拿出全部精力去关注受访者，并且要时刻表现出你对他的注意。

（二）倾听——不要说话。

[15] 关于这种访问的详细讨论，参见罗特利斯伯格和迪克森合著书的第8章。比较概括性和可能比较不太专门的讨论，参见霍曼斯的《工人的疲劳》（纽约，来因霍耳德出版公司，1941年版）。——原注

（三）绝不辩论，绝不出主意。

（四）倾听：

1.什么是他要说的。

2.什么是他不要说的。

3.什么是需要帮助他才能说出来的。

（五）当你倾听谈话时，要能抽象出面前这个人所展示的类型，以备以后校正。为了检验自己所倾听的内容和总结的类型是否正确，应当时刻注意总结对方的谈话，并将总结的内容提请他来检视（比如对他说："你刚才是不是这样说的？"）。这样做的时候要更加小心，目的在于将听到的谈话弄清楚，但不要添加自己的意见或歪曲附会。

（六）时刻记住对访谈的任何一句话都要保密，不能对任何人透露（当然不妨碍在研究的同事间进行讨论，也可以在某种条件下公开发表，但是要时刻小心）。

不要认为这种访谈是简单易学的。的确有些人，无论男女，天生具有这方面的天赋，但即使是这样，他们在开始的时候也难免会有一种挫败感，产生无处着力的感觉。访谈的重要原则（重要的原因是可以由之发展成为处理人际关系的能力）有两点：第一是在前面提到的规则（四）里面已经指出的引导受访者用谈话的方式来表述他之前无法表达的意见和态度；第二是规则（五）中所指出的访谈时要时刻注意总结之前的谈话，并提请受访者来检视。当访谈者能有效地做到这两点的时候，他就已经掌握了相当高的访谈技巧了。但是我再强调一下，访谈的技能不是轻而易举就能学会的，它要求访问者能时刻跟随受访者的思维，并且能理解其谈话在他的语境中的含义。

我不认为研究团队的任何一个成员或者其他相关人员能够预知这个访谈计划的直接后果。我们常常听到大家这么说——“这是公司所做的事情中最好的一件”或者“公司早就应该这么做了”。这一切好像表明工人们早已在等待这样一个时机，可以无所顾忌地自由表达他们对于公司现状的种种意见，而不受工厂各个部门的关系的限制。但是真正找到一个具备以上这些技能的受访者来倾听工人们的意见，并且能够引导他们将自己无法表达的思想和情感自然表露的能力的访谈者，可能对于大多数人而言，之前从未有过。

我之前曾指出在初期研究中，访谈者必然会遇到的两个问题：

（1）一种可以被称为“个人无能为力的经验”，是不是通常是工业组织所附带的产物？

（2）现代化工业城市生活是不是以某种尚且无法道明的方式，使工人产生不知所措的反应？[16]我也指出，这两个问题会以某种方式一直

[16] 参见梅奥的《工业文明中的人的问题》（纽约，麦克米伦公司，1933年版）第114页。——译者注

萦绕在研究团队每个人的脑海里，直到这个研究结束为止。

经过12年的进一步研究，虽然还没有结束，但其中的一些发展是值得我们注意的。比如，在1932年我阐述上面这番话的时候，还没有完全认识到现代文明社会的结构是如何受到科技、工程和工业领域发展的深刻变革。这一深刻变革的影响，也就是从定型社会变革到适应型社会的过程，这给管理和个人均带来了无法预知的诸多问题。管理领域的问题在现场管理者的工作中表现得最为突出。管理者不再是同一些有过多年合作或者是人生中熟知的人在一起工作了。他变成了一群聚散无常的个体的领导者。现在我们如果要和自己工作团队中的每一个人都建立一对一的联系，可能也是十分困难的，但是如果这些人结成了一个充分合作的团队，那么联系起来就相对容易多了。举例来说，在后一种状态下，管理者只要对团队中的一名成员做出适当的指示，他的指示就可以很快地由这个成员在团队中贯彻传达。但是在前一种情况下，他就必须一对一地进行反复指示，即使这样还经常会被误解。

而对于个别工人而言，问题会更加严重。因为他在现实生活和思想领域中完全地失去了安定感，我们所有人的安定感都是作为某个组织的成员来实现的。如果我们丧失了这个身份保障，那么任何经济利益都是无法弥补的。当个体处在由于工作内容和机械流程的不断变化所引起组织变化的情势中时，会不可避免地体验到一种虚无感，因为他们无法再像其父辈一样享有伙伴和安定感所带给他们的快乐。在这样的环境下，个人的紧张感日趋加重，而这些紧张感中无疑有一部分是毫无根据的，也造成了他同工作伙伴和管理者的关系也日趋紧张。虽然我们现在还未遇到极端的状况，但是科技的迅猛发展所引发的产业变革的加剧正迅速地向这个方向发展。

人们采用现场研究主要有两个目的：首先是取得与事实紧密联系的知识和处理事实的技能；其次是在此基础上将现场研究的对象细分为几个方面，并将其同实验研究一一对应。当利用实验方法进行研究的时候，如果因为某些意料之外或者尚未考虑其中的因素的影响而遭遇到一些失败的状况时，聪明的研究者应当返回现场，对研究对象进行重新研究，从而寻找出这些意料之外的决定性因素。霍桑研究小组的成员经过实验室的12个实验期之后，也遇到了这种状况，他们自己也知道。这个访谈计划就是他们从实验室重新回到现场研究的表现。同一切现场研究一样，这种意料之外的决定因素并不会很容易就立刻找到；这是从一个观察到另一个观察的缓慢的进展过程，所有的观察都是重要的——逐步地形成一个复合的结论。这个缓慢的发展已在《经营管理和工人》一书里被详细论及，我们在这里可以按照发生的次序将不同观察大致简单罗列如下。

公司管理者起草了一个简单的声明，寥寥数语，并在谈话开始前向每一个受访者宣读。这个声明旨在向工人们保证，他们的谈话将绝不会被他的管理者和其他不在访谈小组的公司成员知道。在多数情况下，工人并未留意这个声明而是立刻开始访谈。好像对此怀疑得更多的并不是受访者而是访谈者自身。也有许多工人，我们还不能说是多数，因为我们没有统计，看起来还在顾忌是否同面前的倾听者展开自由谈话。谈话并不仅限于和公司相关的题目。我想这是每天访问汇报最初的观察结果。研究小组开始谈到对“情感放松”的需要，又谈到一个人将其问题表达出来后对他的种种益处。谈话的题材也五花八门。一位工人在2年前被其管理者尖锐地批评其工作不正常。而在访谈时，他解释这种状况的出现是因为事发的前一天晚上，他的妻子和孩子都不幸去世了，这完全是意外状况。当时他并未能说明，而事后又没有机会进行解释。他详尽地向访谈者表述了这件事的来龙去脉。无论怎样，他将这件事说出来，无疑对他是有很大的裨益的。这个例子当然比较特殊。一般而言，比较常见的是一个工人更愿意谈起他的家庭、教会，及其工作团队中的伙伴间的关系和问题，他们谈论的主题往往是在他看来最难处理的。这也启发了我们之后的调查。显而易见，各种问题都或多或少地取决于当事人的态度，而这种态度上的差异也正是出于其过去的经历和现在的处境，而更常见的情况是同时出现在这两个方面。比如，一个女工在一次访谈中说到她发现自己讨厌一个管理者的原因是他有些地方与其讨厌的继父很相似。那么出现这个管理者曾经提醒过访谈者这个女工难于对付的情况就不奇怪了。但是当这位女工发现其讨厌这个管理者是毫无理由的时候，情况也就为之改观了[17]。这一类事件使访问小组细心地去研究每个工人的个人情况和态度。“感情放松”和“个人情况”这些名词也就成了概括观察第一步的适应称谓，也正是由于这些方面的改观让访谈者重拾对工作的兴趣。而就在此时，研究工作与对研究工作的观点之间产生了背离。

那些已经具有16年工作经验的访谈者总是将重点放在特殊的个案，也就是个别工人的特殊情况，而不放在那些工作团体或者访谈中所具有的一般性的代表性实例。根据我们的统计，这些特殊的个案，在2万多名受访者中的比例仅占2%。这种着重点的错误是不可避免的，引起这种错误有两种原因：第一，这些特殊的个案中富有戏剧性的特点，似乎可以证明这种方法收效甚大；第二，访谈者普遍认为这种访谈法是一名熟练的访谈者所必须经历的训练。第二点在我们现在看来依然有重要意义，一名熟练的访谈者必须要经历这个阶段才能真正耐心地倾听受访者的所有谈话以及领悟其表述的意思。访谈计划的这一阶段和医学领域的治疗其实很相似，这一过程中也很容易有所发现。如果我们的观察没有发现“情感放松”的益处以及个人问题由其自身经历和当前处境所制约的现象，那么我不相信这个研究会得到真正的发展。诚然，即便是我们超越了个人心理治疗层面的研究而进入对于

[17] 罗特利斯伯格和迪克森合著的《经营管理和工人》第307~310页。——原注

工业组织的研究，也还是应该注意所遇到的特殊状况，还必须清楚怎样去应对这些问题。尽管如此，我们还是不能就此抛开访谈计划的这一方面，它还具备其原有的重要性。但是工业研究一定要超越个体治疗的层面。并且，从定型社会转变为不断变化的适应型社会的过程已经使很多人丧失安全感，针对这一问题进一步研究显得至关重要。

研究团队也在逐步转变自己的态度。在坚持对个人的细致研究的同时，引入了对团体进行同样的研究。曾经一件偶然的事件，对采取研究的新方式起过很大的作用。在实验室开始实验之前，我们原来想要讨论的一个最早的问题，是关于工作中面临的疲劳问题。后来我们遇到了一个声望很高的工头，他也对这个问题一直心存疑虑，于是就来到了当时正在大范围进行采访工作的研究小组，他认为他所在部门里的女工们在工作了一整天之后一定非常疲乏，他希望我们对他所在的部门进行调查。后来访问者发现这个工作部门有一个习惯，那就是他们大部分的工作都尽量赶在上午做，到了下午效率就大大下降了。在此之前，这位工头并不知道这一点，于是我们对两种可能性直接加以验证。负责研究的人员和工程师悄无声息地进行了一个实验，他们暗地里测量了在某一段时间里这个部门开动的机器所消耗的电力，这个数目可以反映出工人所完成工作的总量。测验的结果与女工在访问中所说的话完全符合：上午所消耗的电力远远超过下午。研究小组进行的这项实验更加强化了研究者们早已注意到的一个事实，那就是整个工作团体实际上决定着个别工人的产量。他们有一个心照不宣的标准，就是在心中认定了一天的工作量，但这个标准大多数情况下低于效率工程师的标准。

为了验证这些观察，我们对观察室做了最后一次实验[18]。同时，大家也明白这些事实并不包含“限制生产”这个名词中所暗指的干劲不足的意思。相反地，在现代大规模工业背景下，行政管理者和工人之间不能自由沟通，必然结果是工作团体成员心存戒备。效率工程师致力于改进工序的组织是一件好事，但是他企图在这个名目下掩盖合作的问题则不太合适。这时，他试图解决努力合作的组织中发生的许多人事障碍，他不管工人们自己有什么样的看法，而生硬地采用组织原有的方法。这个步骤必然阻碍上下沟通，也与他自己美好的诉求背道而驰。[19]

这个观察虽然很重要，但是还不是访问者的主要问题。人和人之间日常生活上的关系所形成的团体的存在和影响，成了最让人关注的重要事实。工业访问者必须学会区别和分辨他所听取的工人的谈话中哪些是“个人的”情况，哪些是团体的情况。比如，一个在谈话中常有夸张歪曲之词的人常常是孤独的，通常是那些无法融入团体的人。

---

[18] 罗特利斯伯格和迪克森合著的《经营管理和工人》第 4 部分第 379 页。——原注

[19] 关于这一点更多的例子，参见马修逊的《没有组织起来的工人中对产量的限制》一书和梅奥的《工业文明中的人的问题》第 119~121 页。——原注

这些是特殊的事例。此外，虽然在访问时存在歪曲事实的因素，但普遍来讲，工人们谈到工作同谈到个人的篇幅差不多相同。因此，访问在上下沟通中所产生的影响并不限于个人，而且扩及团体。

在一个大工业企业里有两个女工，最近厂方要提拔她们，条件是如果她们接受提拔，就得离开她们现在的团体而到另一个部门去工作。她们拒绝了提拔的机会。工会代表对她们施加压力，称如果她们不改变初衷的话，工会组织者将放弃对她们的努力。于是这两个女工勉强改变了她们的决定，接受了提拔。这两个人立刻引起了访问者的注意，因为她们喜欢原来的团体，她们享受非正式的成员关系。她们都觉得适应新的团体和新的处境是一件很吃力、很艰难的事情。从这件事的过程中，我们看到了亲密的组织对于团队成员的作用。后来我们观察到这两个女工在克服了对新团体的适应困难后，还有效地帮助了这些新团体重新组成了一个强有力的队伍。

在最近的另外一次访问中，一个年仅18岁的女工向访问者抱怨她母亲老是怂恿她对主管要求“提拔”。她表示拒绝了，但是她对母亲的忠诚和她母亲对她不断施加的压力让她非常苦恼，影响了她的工作以及在工作上同别人的关系。她把这个情况告诉给一个访问者，实际上对她来说，“提拔”就意味着要她离开她日常相处的伙伴和同事。虽然同这里要谈的主题没有直接关系，但也不妨多说一句，经过向访问者长谈了自己的情况，她最终决定平静地向她母亲讲清楚她不愿

“提拔”的原因，她的母亲立刻理解了她的心情，不再对她施加压力，而女工也就回到了有效的工作状态。最后的这个例子也说明了在访问中我们应该如何打通与被访问者之间的隔膜。但是，这不是我现在要讲的题目，我要反复强调的是，人们古老的愿望是想维持人与人之间的合作和团结，如果我们不能想出一套行之有效的系统性的办法，来帮助人们毫无困难地从一个熟悉的团体换到另一个团体，这个古老的愿望将使一个适应变动的社会发展变得更为复杂。

但是在早期的调查中，我们不可能得到这样的观察。研究小组所注意到的重要的事实是：一方是公司职员团队，另一方是不相关的个人，通常认定的两者之间存在的关系是完全错误的。在一个正常经营的工厂里，行政管理并不是同每个工人直接联系的，而总是同工作中的团体相联系。在每一个部门，工人们自发形成了各个团体，各自有各自的习惯、责任和日常例行生活，甚至还各有各的仪式。行政上的成功与否，取决于它是否无保留地被这种团体认作权威和领导。例如，在霍桑的轮班装配实验室里就出现了这样的事例。行政管理者同女工们协商，解释清楚要进行实验的理由，并在某些问题上接受了工人们的意见，不知不觉地在两件重要的人事问题上获得了成果，同时这些女工自发形成了一个自治的队伍，这个队伍全心全意配合行政管理上的指示。这个实验室负责许多重要的实验项目，例如休息时间、一天工作的时间、伙食等，但是毫无疑问，最主要的项目是关于队伍协作和合作这个领域里的问题。

在这个时候，研究小组出版了一本名叫《怨言和不满》的书，作为在公司内部发行的专刊。它仔细地叙述了访问者在访问过程中积累的不同经验和不同情况，特别提示了那些怨言很少的工人所提供的产生不满情绪的线索。这些对团体以及个人都非常适用。经济学家和工业家一般会把怨言集中分析并试图做逻辑上的推论，而访问小组却几乎不去注意这些，而是在重新研究具体的情况中寻找这些表现的来源。程序正确的方法是诊断，不是辩论。

这里可以引用最近出版的《昆厂劳工》[20]里的一个例子。战争期间，中国的工业被迫从沿海的上海迁移到内地的昆明，而工业的实际活动还必须要依赖从上海和其他地方内迁的技术工人。这些技术工人明白这些工作离不开他们，从而得到相当高的声誉。但是在他们中间还是充满着不满情绪，比如他们不断故意在公司食堂里摔饭碗以表达对所供应的伙食的不满，即使公司食堂的伙食比厂外的饭菜质量好得多，而且价格也便宜。在访问中，工人们直言不讳地承认他们的伙食并不坏，他们并不是对伙食不满意，真正的原因是技术工人团体和管理者之间的关系非常恶劣。

此外，通过大量的访问，访问小组认识到，绝不能用非理性的动

[20] 参见史国衡的《昆厂劳工》(哈佛大学出版社，1944 年剑桥版)。——原注

机来代替理性的动机，以感情来代替逻辑。相反地，被调查的怨言和不满恰恰显示了对此进行深入研究的需要，这是一种实事求是的科学态度，应摒弃陈腐理论的歪曲影响。有趣的是，某些工业家因受过严格的经济学理论的训练，想摒弃霍桑的研究，因为它是“理论性”的。殊不知“这只脚穿错了鞋”。霍桑对事实不具成见地进行研究是值得颂扬的，而武断地做此批评的人却不加判断地接受着早已过时的理论。

霍桑的访谈计划从1929年开始。他原来打算把工人们看作一堆个人，研究他们工作时的舒适问题，后来在研究过程中逐步明确了工作团体和经营管理的关系是大规模工业里的基本问题之一。正是这个研究明确了我们主张经营管理上的第三个主要问题，即如何去组织团体协作，也就是说如何去发展和维持合作。

最后，在总的结论中，我们有必要列举一些实际观察到的情况：

第一，早期的发现是访谈工作可以帮助个人丢掉无用的感情包袱，并把他的问题明白地说出来。这样他自然就想出了解决问题的好办法，这比由别人替他想办法有效得多。我已在讨论“感情轻松”、个人历史和个人处境对个人态度的影响时举出过实例。

第二，访谈工作已经表现出它能帮助个人同他日常接触的人，比如工作伙伴和管理员相处得更轻松和更满意。

第三，访谈工作不仅帮助个人同他自己团体里的工人合作得更好，也使他能够同管理层进行更好的相处。这一点似乎与费拉德尔非亚上校的行动颇为相似（就工人来说）。某些代表非工人团体立场的访问者会帮助工人同他自己的团体相处得更好。工人由此对他所在的团体甚至更高层级的组织感到满意，组织也对工人的工作表现满意，这是非常重要的双赢局面的开端。现在要看行政管理上如何明智地利用这个开端了。

第四，除了上述的三点之外，访谈工作对训练本国和全世界的行政人员从容面对未来困难有极大的重要性。我们的访谈者不具备权威，也不采取行动。因为只有正式的权威才能通过正式的途径采取行动。然而，访谈者却能促进这条通道自上而下和自下而上地有效沟通。这种沟通首先清除了感情上的歪曲和夸大，其次访谈者的工作也帮助把在各种怨言之外的不满，正确地、客观地表达出来。

这类工作可以帮助聪明和敏感的青年男女，假以时日，他们就会自然发展出成熟的态度和判断。人类生来就有乐于无偿运用自己的思想和经验去帮助他人的愿望，而我们的工作正是帮助人们更加清晰地表达他们的感情，这种努力是非常有意义的。这应该被视作现在大学课程里的必修课。毫无疑问，我们应该训练青年男女能明朗地表达他们的知识和思想，但是如果他们将要成为管理者，我们更需要训练他们仔细倾听别人说话的态度和技巧。只有懂得怎样去帮助别人正确地表达自己的意思，他才能拥有做出真正成熟判断所需的许多品质。

最后，我还应当重申上面已说过的话，已经证明访谈工作对经营管理来说是具有极大价值的情报来源。现代大规模的工业里的三个经常存在的问题前面已经述及，即：

1.把科学和技术应用到某些物质的产品上；

2.系统地安排工序；

3.组织持久的合作。

一个管理方面的代表说，访谈的结果只是个人的或主观的。现实中会有很多人仍然认同这种说法，这位管理代表是在告诉我们，他曾经受到的训练教他把所有的精力都集中在前两个问题，即技术和工序的系统安排问题上，而完全忽略了第三个问题。就这样的一些人来说，对一个问题所得到的认识并不成为一种知识，因为他们不能理解这个问题存在的根基。正是这种无知或有意的无视造成了出乎意料的罢工或其他的困难局面。访谈方法可以有效调查一个部门里工人之间实际合作的程度，揭示这种团体中是否有合理的管理政策[21]。霍桑调查至少把这些最重要的工业争论提了出来，为发展诊断的方法以及在特定的事件中进行治疗做出了一些试验性的探索。

---

[21] 我们知道，现在很多人在实际处理人事情况上具有高度的技巧性，这种技巧通常都来自他们的经验，属于一种直觉的东西，而不是轻易能够传授的。——译者注

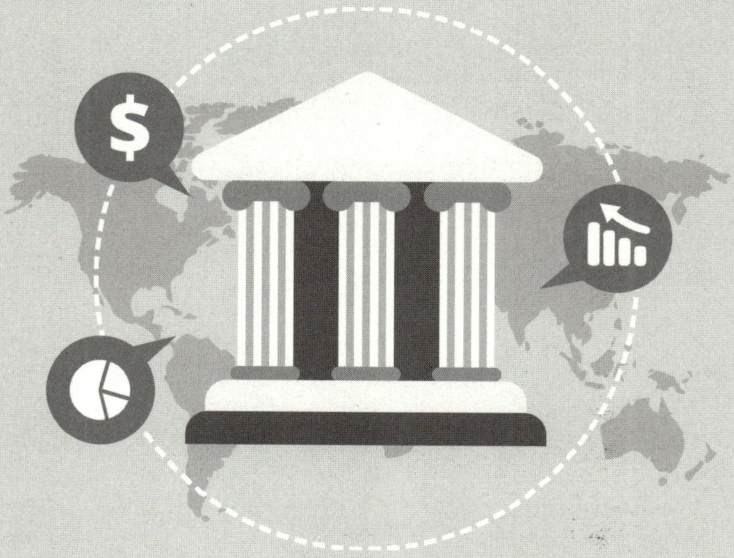

第六章　人际关系的激励与士气的提振

前文中我们已经说过，霍桑工厂在实验之前就是一家福利较好的企业。在某种程度上，对流水线上的工人来说，工厂几乎就是一个神话般的实体。这在访谈中可以找到许多证据。工人对工厂具有信心的第一个或许也是最好的证据是，工人二话不说地马上接受了对于被访谈者身份保密的保证。在最早阶段，要求每一次访谈在正式开始之前，都要向被访谈者说几句解释性的话和对身份保密的保证。当访谈计划推开以后，访谈人员做这种解释和提出保证有时就有点困难了。工人希望甩开这一套，立刻开始谈话。在访谈计划的晚期，谈话的技巧已经全然成熟，这时偶尔会遇上一位工人，他对自己的上级管理人员满腹怨言，但是，他并不归咎于公司。相反，他急切地讲述自己的故事，相信一旦他的情况被充分反映上去，公司或某位足够级别的上层官员，会向他提供救济。对于匿名的普遍保证，可以很愉快地再多说一句，这一点一直做得很好，公司没有辜负雇员们的信任。

一家公司如果公正和人道地对待自己的职员，那里的士气会普遍高昂，正是这种状况，使得研究和相关结果有如此重要的意义。在士气低落和意图不明的工业机构中，这样的调查是不可能的。只有在最高端的企业中，才有可能展现出从未被分析过人的存在问题，其深度是在一般的工业机构中所远远达不到的。

对调查研究做了这样的全景观察之后，现在回到细节上来。上面已经说过，在访谈中收到的对工厂物质条件的批评性意见是相当可信的，而对个人的批评意见却并非如此，对此，访谈团队有点尴尬。用正确或错误的简单两分法来对访谈中所获意见进行分类，意义不大。希望从访谈材料中得出一幅关于工厂内部情况的明晰图景，这个想法被直截了当地抛弃了。研究部门认识到，必须努力研究人以及人与人之间的关系。访谈必须被看作是个人性格的暴露，比如，他的经历、他的思想态度、他的优点和缺点。但是，如何才能不仅仅是暴露思想，而是深入下去，从对一个人的泛泛了解到形成对这个人以及相应的管理方法的深入认识，这些问题，急需回答。

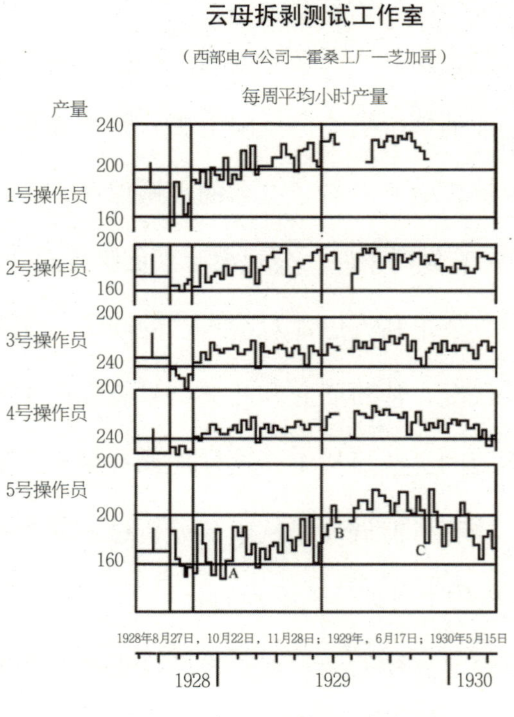

图1　每周平均小时产量

第一个线索来自测试工作室。由于对每一位工人都进行了更为细致的观察，所以有可能将个人的状况与产量记录联系在一起，这在任何普通车间中都是做不到的。这些工人按照预先的计划，安排在继电器组装和云母拆剥测试室做这两项常规操作。正因为能够将个人状况与产量联系起来分析，才从对云母室中的首批产量记录研究中，得出了很有意义的观察结果。此处我列出的图表（见图1），显示的是连续各周中每个工人的平均小时产量。请读者注意，在图1的时间起点上，云母工作小组已经结束了前两个实验期间和时长为24周的第3期实验，在那段时间里，他们每天有两次10分钟的工间休息，上午和下午各一次。读者或许还记得，在那个时候，由于研究部门所不能控制的情况，实验工作小组承受了巨大压力，经常加班工作，甚至周日也常常工作。除此之外，从产量记录中还可以看出，工作环境的改变和小组工作间休息带来了产量的增长。但是，再仔细观察产量记录，很容易看出，第1号工人和第5号工人的工作业绩显示出明显的不规则性，这种情况在第2号、第3号和第4号工人身上从未发生过。从其他资料（如大事日志、流水记事清单和最初的交谈）中可以看出，第1号和第5号工人从一开始就是“神经兮兮的”。她们的年龄和经历大不相同：第1号工人约40岁，寡妇，有两个孩子，在学校里的表现都很不错，她做拆剥云母的工作已有5年之久；第5号工人，18岁，未婚，住在父母家里，她“受到严格的家长约束，尤其是母亲的严格管教”（母亲是东南欧人[22]），拆剥云母工作经验只有1年多一点。年长的第1号工人，既聪明又谨慎，对于“儿童福利”问题有颇多思考，朋友很少，对自己的孩子极为上心。简而言之，她“焦虑”自己的处境，确实带有强迫症的性质。第5号工人，那位年轻姑娘，虽然也是心事重重，但是其具体情况与前者大不相同。她怨恨父母的严格管制，尤其是自己不能像其他姑娘那样生活，不能按自己的意愿交朋友。她并不像那位年长女士那样积极主动而且忧心地“焦虑”自身的处境。即使如此，她也有自己的尚不成熟的思维方式，对长辈管教的怨恨或其他惹人“头疼”的事情使她心事重重。这提示我们（尽管只是个提示而已），在5名工人中，有2人是在沉重压力下工作，其产量记录应该显示出明显的不规则波动，我们知道，这2人与其他3人相比，当时是深陷于个人特殊情况之中的。

这2名工人，都是在吞咽人际交往不足之苦果，她们与其他人的人际关系存在缺陷。那位年长的女士（即第1号工人）的状况，无疑存在个人的因素，这就排除了任何以简单调整来补救的可能性。而那位年轻女士（指第5号工人），难题集中于一个外部的冲突，那种家长管制，不管其在东南欧是如何令人敬佩，但在芝加哥郊区却属异常，所起到的作用只是封闭了通向快乐生活和个人发展的所有路径。所以，

[22] 欧洲东部和南部的一些国家，一般都特别重视家庭纽带关系。——译者注

对于后一个事例，有可能通过改善实验测试工作间里的人际气氛，通过摆脱束缚或愉快闲聊来解决一二。但对于那位年长女士，这些办法却是不起作用的。

第二个线索，我要提醒读者注意这位年轻女工在测试室与新同志们交往的1年多时间里的工作业绩表现。她的产量记录可以大致分为三个时期：第一时期，产量波动现象达到最严重程度，没有或很少有改进，时长大约为23周（图1中A点）；第二时期，是产量波动减小和稍许改进时期（图1中A点至B点），时长约19周；第三时期，不存在明显产量波动，产量显著提高，时长约15周，直到1929年年底（图1中C点）。在第一时期里，她在闲聊中与同伴们谈及的总是个人的怨恨、烦心的事，或者还有她个人的处境。在第二时期，全小组的人都知道了她与母亲之间的问题，但是都淡然处之，当作人类学家所称的"文化冲突"，而不是事关个人处境的问题。这种态度，不仅使她感受到一种同志式的情谊和人际的支持，而且弱化了那些冲突下的个人怨恨和夸张因素。到这一时期的末尾，她惊讶地发现，补救的办法原来在自己的手中：她有足够的钱能独立生活，并且是舒适的生活，她可以不住在家里，而是转而与女性朋友合住宿舍。她下决心这样做，并且付诸行动。于是，无形之中伴随而来的，是第三时期的工作业绩持续提高。

至此，如果除了实验范围内的那些直接条件变化之外，研究部和公司官员没有布置观察其他变动，那么很明显，产量曲线在这里表现出来的波动，可能就是直接源于测试室中工作条件的变动，或者是“学习曲线”效应[23]。当然，她的业绩提高可以间接地归因于这些条件变动，但是这种影响非常间接，以致产量提高不可能全部是由实施工间休息或是人际关系氛围改善带来的。在某种程度上，产量的提高是人与人之间的同志情谊和相互交流的结果。而且还不止于此，产量的提高是由于生活方式发生的重大变化。生活方式的改变，不仅使那位年轻女工摆脱了母亲对自己成长的不断干预（这对于生活于芝加哥的青年，怎么说都是不公正的），而且使她可以在相对更加平等的基础上与近亲属和年长者交谈。离家独立生活对产量的影响最大，这又被以后发生的事情所证明。过了一段时间，经济状况迫使那位姑娘回家住。这样一来，她的产量曲线又一次下降，出现曾经有过的不规则波动。尽管在那一段时间，实验室内的工作条件是保持不变的。

这不是研究部门发现的有关产量、士气和沉重个人精神负担之间关系的第一个事例。但是，这却是一个相对而言比较客观的和最有说服力的事例。它使得访谈团队逐渐认识到，根据从私密匿名的访谈中了解到的这类或其他类似的个人状态的许多事例，可以合理地假定，

[23] 学习曲线（learning curve）又叫经验曲线、改善曲线，是一种表示单位产品生产时间与所生产的产品总数量之间关系的一条曲线。越是经常地执行一项任务，每次所需的时间就越少。——译者注

此类事情的发生本质上与云母测试工作室中发现的情况是一样的。显然，这种类型的人比起那些处境较好的人，更不善于应对任何压力。这里所说的“压力”，千万不能被解读为仅仅是指诸如加班，冷漠无情的监管，与工友关系不友好或者是单调和重复性的工作，所有这些也都可能激发出不正常的表现和不理智的反应。认识到这些，访谈团队开始努力理解受访者在访谈中所陈说的可靠性存疑的个人意见。有一次，在访谈中听到这样的评论：“在家里没什么好事，在这里（指在工厂里）又受欺负，为什么我老是这么倒霉啊？”考虑到这类意见（它们并不罕见）的存在，调研部门开始相信：

1.家庭不顺或感到自己“倒霉”的人，不是工厂车间环境的可靠评判者。

2.他或许陷入了一个恶性循环：因为在任何事情上都觉得自己“倒霉”，因而任何事情都增强了自己遭遇厄运和受到欺负的信念。

3.不了解这种人的经历，他当前的状况、思想方法和现实思想，不可能恰当“对待”他。

让内（Janet）[24]对强迫性思维[25]的研究，是引领本项工业调查新方

[24] 让内（1859—1947），著名法国心理学家。其主要理论观点和成就是：（1）将临床的概念和术语引入普通心理学，促使临床心理学与学院心理学相结合。（2）提出心因性病理说。（3）提出神经症的分类和病理机制说。——译者注

[25] 强迫性思维是指患者脑海中反复多次出现某一观念或概念，伴有主观的被强迫感觉和痛苦感。——译者注

向的首要理论学说。

有这样一种精神性神经症，在所有心理学学派看来都无疑属于精神疾病。从最一般的意义上说，它是源于环境因素和教育缺陷。这种病患，法国学派认为是强迫症，而弗洛伊德学说则认为是强迫性神经症。就其自身而言，这种病不是机体组织本身出了问题，正如癔症和精神病不是器质性疾病。有许多病例，通过再教育或者心理“分析”的办法，无疑是可以医治的。这种疾病的主诉，如上面所提到的强迫症或强迫性神经病这两个名词所形容的那样：个人不能控制自己的思维反应，他被某种思想所“左右”，这种思想让他觉得具有一种“强迫”力量，植根于他的焦虑之中，甚至他自己也意识到这种观念是荒谬的或不真实的。心理疾病极端病例的病情是严重的，稍轻一些的病例，渗透交织于我们的全部文明之中，这或许是我们这个时代的主要精神残疾。两位英国研究者：卡尔平博士和史密斯博士（我在本书已经引用过他们的著作），发表了一个对工业中的这种疾病病例的调查，题目是“神经质性格”[26]。他们这样描述中等程度的强迫症病人：“症状主要的特点是非理智的意识驱动。患者述说他被迫思考某种想法……而与其抗争（就算抗争是可能的）得到的惩罚是高度紧张……患有这种症状的人的陈述言词，几乎总是从字面意义上就可以显示出

[26] 工业疲劳研究局第 61 号报告，1930 年。——原注

他有病（强迫症），这种病具有长期困扰的性质，某种违抗自己意愿的东西，不时占据他们的思想，强迫他们按特定方向思考……平时很难发现这些人有病，因为疾病的症状可能并不反映为平时的非正常行为……他们很少表现出精神失常状态。他们深深认识到自我控制的作用和重要性，他们想方设法自觉地实施这种自我控制。他们倾向于过度工作，给人一种专挑最困难的事情去做的感觉。当精神崩溃发生时，人们通常将其归于过度劳累，然而过度劳累本身只是一个症状，而不是精神崩溃的原因……强迫症患者大都智力超群，有些人地位很高，但是，他们为之耗费大量精力的精神冲突，似乎阻碍了他们实现最高的效率。”

下面，在描述一位职位很高的强迫症患者的典型行为时，卡尔平和史密斯说：“他意识到犯错误的责任，所以检查自己的工作，但是即使在理智上确信一切都很正常，他在情感上仍然不能满足。他被迫一遍又一遍地检查……假如时间由自己把握，且没有什么东西阻止他在强迫状态下的反复检查，他会干得很好，并由于工作努力，从同事那里赢得几乎是宗教般的崇敬。但是一旦他进入一家商业企业，在那里他要在别人的命令下放弃自己的做法，那么他的精神压力将非常之大，崩溃几乎无可避免……教科书中描述的强迫症行为都是严重病例的表现，但是在霍桑的这个调研项目中，强迫症思维更多的是间接了解到的。研究部缺少与更严重病例打交道的实际经验，很难把握强迫症的性质和严重性。它们很容易被遗漏，但一旦发觉，又是相当明确的……其表现（即强迫性观念）与详尽逐点的产量记录（即在测试室内的工作业绩记录）之间的紧密关系，是显而易见的……”

法国和德国的精神病病理学学派关于这种强迫思维症的病理学观点，大不相同。但与通常的看法相反，这两种学派之间并不存在固有的或内在的对立，而是相互补充的。法国学派，特别是它的奠基人和主要阐释者让内，主要关注的是强迫思维的样式；而德国学派的兴趣则在于关注强迫症患者在想些什么，他是怎么开始这种思想的。让内强于其他精神病理学家之处在于，他能详细描述强迫症患者在症状严重发作时，不能对思维过程加以控制的技术性障碍所在。弗洛伊德则满足于将患者不当的或执迷的观念的根源以及强迫行为的根源，回溯到幼年时期的悲凉景况和病态成见之中。

从工业和社会研究者的角度看，让内最为重要的两篇论文是《精神性强迫症》[27]和《神经论》[28]。后者是一本书，在这本书中他总结了自己对癔症和强迫症的研究发现。在这些研究中，他坚称（且毫无顾忌地举例说明）强迫症的主要特征是完全不能对当前环境，尤其是社会性环境做出适当反应。即使是只身独处，这些病人也对任何需要做出决定或采取行动的事情心存恐惧，力求躲避。让内在更详尽地描

[27] 巴黎费力克斯·阿尔坎（Felix Alcan）出版社，1919年。——原注

[28] 巴黎弗拉马里翁（Flammarion）出版社，1930年。——原注

述这种无能为力的时候，首先指出正常人的日常思想关注，都涉及高度的组织化和复杂的平衡。提到关注，通常总是认为它基本上就是一个简单的事实，即它是精神活动的特定类型。我们做出这种假定，是因为机体组织正常和精神健康的个人，很容易关注于周围世界的这个或那个方面，甚至都没有意识到只有掌握什么样的复杂控制过程才能做到这一点。让内说，我们的精神生活“并不只是表现为接踵而至的现象，形成长长的系列……而是每个依次而来的状态在现实中都有复杂的组成，它包括大量的基本事实和所有这些因素之间的平衡”[29]。既然它表面上的一体化，只能说是源于综合体自身，源于注意力的平衡，源于假定存在的组织性，因此，我们能够主动地将自身关联于周围的真实世界。那么随之而来的结论就是，任何个人，他的这种能力在某种程度上减弱了，但是其他方面的精神状态并没有受到损害，他就会痛感自己的能力缺失和思维虚幻，这又使他更加悲惨地意识到自己与他人的不同，自惭自卑。让内指出，强迫症患者在意“持久性注意力分散”的事，他们很难集中注意力，或者很难“建立起观念中的秩序”[30]。难以“固定和维持注意力”是“他们的主要困扰”所在。随着主动注意力的弱化，无意识的注意力就扩张开来，简单的行为一旦

[29] 《癔病患者的精神状态》，皮埃尔·让内著，巴黎阿尔坎（Alcan）出版社，第425页。——原注

[30] 《精神性强迫症》，第371页。——原注

开始，就无法停止[31]。卡尔平和史密斯在自己的著作中提到有的人对自己的工作反复检查，这种行为因而总是被当作是一种病态。这些病人很不信任描述性的研究，认为此种研究方法存在一些事实的问题。他们偏好的是观念，尤其是抽象的观念[32]。他们对长时间讨论乐此不疲，讨论来，讨论去，全无结果。他们讨厌生理学，但沉溺于心理学；他们成为可怕的形而上学者。他们不能将自己的各种能力组织起来，以致注意力分散，“认识现实的功能”（让内的说法）减弱；除此之外，他们的病症“并没有损及所谓智力运作能力”[33]。从这一点又可以推断出，他们知道自己的能力缺失，在无力采取行动的时候，也知道空想的危险后果。“犹豫不决的煎熬”，这个术语，无疑是由某位对强迫症病人心理状态非常熟悉的人发明的。一个患有强迫症的士兵，被问到是否愿意转往另一所医院时，紧张和失眠了8个小时，因为他无法做出决断，最终请求军医为他做出决定。另一位住院的女性患者，探访者偶然问她是不是“感觉好点”了，在来访者离开以后，病人考虑各种回答方案达3小时之久，然后情绪崩溃了。还是这个病人，早晨外出散步，走进一个小公园，然后就在公园内一圈圈地走个不停，最后在行走中哭了起来，因为她不能决定是不是该走出公园。他们在最

[31]《精神性强迫症》，第 353 页。——原注

[32]《精神性强迫症》，第 360 页。——原注

[33]《强迫症》，第 749 页。——原注

小的事情上“一丝不苟”，做出沉重的决定，是担心可能犯下重大过失。他们总是对显而易见的事情费尽心力，再三思考，他们以处理小事的夸张的精确性，来取代大事上的行动，对这些大事情，他们无能为力，或者觉得自己无能为力。

当然，这类研究对霍桑访谈人员并无直接的意义。原本可能期望在访谈中引入的那种个人间的私密交谈方法，即使只交谈短短两个小时，也会发现许多强迫症患者。但我认为可以比较准确地说，在全部20000多名接受访谈者中，最多只发现了十几个人，他们显然应该去看精神科医生。然而，此项调查研究的目的从来不是要去发现精神错乱的人，而是要回答这样的问题，即堪称正常的人，他们的意见中存在夸大和扭曲的倾向，其根源何在？

研究团队之所以关注让内的学说，是因为以下事实：第一，让内不无沉痛地说明，真正的强迫症病人，偶尔在紧急情况下挺身而出指挥一切，在此期间他并不表现出强迫症症状。让内的一位最值得称道的患者，在一次国内危机的3个月内，没有任何优柔寡断、空想或其他作为，但是在需要紧急行动的事件过去之后，又旧病复发了[34]。第二，让内详细说明，一个本来根本不是强迫症的人，也会在对他来说重要的情况下，对所经受的明显的个人不足做出强迫症性质的反应。

---

[34]《强迫症》，第 548 页。——原注

对个人自身与其周边环境之间平衡的任何大规模扰乱，都可能对他的思想造成强迫症的后果。诱因可能是机体的失衡，其中之一是疲劳，或者可能是人际交往中感到个人卑微的经验。不管是哪种情况，他会暂时表现出强迫性的幻想，徒费心力的优柔寡断，病态地执着于虚幻的个人问题。假如他不能充分“想通”自己所处的环境，并据以调整行动，那么他将开始“焦虑”自己的处境，执迷于虚幻的选择，正如强迫症患者那样[35]。在这样的思维混乱期间，甚至最精明强干的人也会失去他平时所拥有的对注意力、对思维或者对幻想的控制力量。他对现实环境，特别是人际关系环境的快速适应能力将减弱。在那样的时刻，他无法避免对自己和对其他人的夸张或扭曲的思考。

让内对个人能力丧失造成精神错乱的描述，似乎为如何更好地理解在霍桑的许多访谈中所得到的关于人的扭曲意见，提供了一个可能的线索。研究部受此启发，跟随让内的思路提出两个问题：

（1）一些经历，那些可能被看作是带来个人卑微感的经历，是在工业组织工作中普遍发生的吗？

（2）现代工业城市里的生活，是不是以某种未被察觉的途径，预先决定了工人的强迫症反应？

这两个问题总是在困扰霍桑研究的负责人，直到调查给出了答案。

[35]《论神经》，第 360~361 页。——原注

前一个问题，首先引起了研究部的注意。他们从访谈中听到的关于管理人员误解或误会的种种故事中，发现了一些证据。有时，这些故事长年累月占据了工人的心，却找不到任何机会充分表达出来。两个实验室的经验，也倾向于证明这个假说，即工作环境以某种方式，阻碍而不是推动使人满意的个人调整。两间测试室里的年轻女性操作员们几年来提出的许多意见，似乎都是在讲述自己是如何从以前所受到的约束和“干涉”中解脱出来的。还有某种精神错乱的特殊案例，表现为对公司政策的批评。在测验室研究的早期，一位操作工突然变得坐立不安，公开表示她不喜欢这个实验。她被允许撤出，也找来了替代人员。后来，重新研究这个案例，人们注意到，原来那位工人的体检已经显示，她的红细胞数量较少，血红蛋白比例只有68%。有关官员找到她，告诉她患有贫血症，并且给她治疗。再次体检表明，她的红细胞稍有减少，血红蛋白比重几乎没有变化。经过治疗，情况很快好转，红细胞和血红蛋白比重都改善了。在随后的交谈中，她否认了自己从前对公司的批评。她还说，在提出这些批评的时候，她正“感觉疲劳”，这种表现被认为可能是由于她的身体器官出了问题。

重视上述第一个问题的同时，对第二个问题所提出的方向，也做了一些初步的探讨。第二个问题是，生活于现代工业中心，对个人能力和思想有何影响？尽管让内很擅长于对现状的描述，但是他从未关心过不同个体的非理性思维或轻度抑郁倾向的起源。因而，霍桑研究部门也就多少求助于看重个人经历的弗洛伊德理论，并且更多重视社会人类学的最新发展。来自哈佛大学人类学系的一位研究人员已经提醒人们注意，只对部门内的个人做心理学的研究，这在逻辑上是不充分的。实验室和临床心理学研究关注个体，关注他的职业能力或能力缺失，他的社交“适应”和“失调”。这些研究始终是极其重要的，但它们只是触及了对人进行研究的边缘而已。组成一个工作单位的个人，就不仅仅是个人，他们形成一个群组。在这个群体中，众人建立起相互之间、对管理者、对工作，以及对工厂政策的关系的惯例规则。在特定群组内经常发生的所谓“人际关系失调”，可能意味着对工作的关系和对人与人之间关系的惯例规则的失调，而不是指个人的初级非理性行为。访谈人员注意到，一个能力不强或者不能很好地对人际关系进行调整的个人，当他工作在适合自己的和支持自己的人际环境中时，他可能表现为是有能力的和正常的。相反，一位非常有能力和完全正常的人，当他工作在不合适自己的环境中时，也会表现得既无能力，也不正常。两个实验室的实验都证明了这样的理论，即工业中失调的发生点，是在人员、工作和公司政策之间的关系的某些地方，而不是在某个或某些个人身上。在两个实验中，新组建工作单位的人员在访谈中较多地表达了个人卑微感一类的意见。从两个实验中都可以明显看出，这些人在工作中并没有建立起充分的、简单的群组关系。

在形成这种想法的同时，研究部（此时已被当作是当前形势下调查研究新方法的代表）被要求对一个特殊部门进行研究。一些最有经验的访谈者（他们从事此类工作数年，从中获得了工作技巧和批判性的反省能力）被指派做这项工作。这个调查研究所发现的情况是如此有意义，以至于研究小组的注意力从个人性格和经历上，转回到工业环境条件本身上来了。这样，也就开始了西部电气公司调研项目的最后阶段，在此阶段，就有可能试验性地分析访谈者发现的情况与试验室中发生的情况之间的关系，以及这两者对公司政策的意义何在。

我应该更加清楚地说明新计划的程序实际上的特点所在，这一点很重要。按原有的计划，访谈人员的访谈对象来自不同的部门，这些人员构成工厂的质检统计分部，共1600人。而在新计划中，第一个不同是扩大了访谈人员队伍，这些人掌握了更成熟的谈话技巧，访谈对象遍及许多部门，这些人构成工厂的操作分部，人数上万。根据这一阶段的总体安排，访谈在部门总部进行，预先定好日程，以做记录，不考虑明确的或很容易追源的人际关系，也不考虑与实际工作环境之间的关系。这种做法不可避免地在向个人的非理性意见倾斜，因为任何个人批评或抱怨的意见，仅仅记录为文档中的一封信或一个号码，不可能被关于那个部门人员环境现实状况的任何相反意见抵消掉。我现在所描述的方法上的创新，是安排一个或两个访谈者持续面谈某部门中的个人，一天又一天，一周又一周，并布置研究人员通过直接的观察，同时适当了解一个群组整体的内部关系和他们的活动情况。这样做不仅能显示出对特定情况的不满意或批评意见，而且也能显示出这种意见的合理性或者不合理性。

被指派的访谈者和观察者们发现此项任务实施起来并无困难。研究部和它的调研方法已经被普遍接受，一切进展顺利。一位访谈者在第一份报告（1931年11月9日至1932年3月18日）中评论说，在访谈者和工作群体之间需要建立一种充分的亲密私人关系。他继续说："我们能够很快建立起这种关系，很大程度是因为管理人员方面持有开放的态度。他们似乎很愿意与我们详谈自己的问题。雇员们也令人难以置信地坦率……观察人员加入交谈，有了管理层人员的配合，谈话大大变样。"在这种情况下，调查人员不难进行观察，这种观察似乎提供了对重大问题的更充分的界定。调研工作的状况全然不是先前可能预期的那样，并不存在明显的机械性思维或例行公事的"隔音"效果，而按书本上的普遍批评意见，那本是机器时代的首要问题。没有理由认为，管理人员的个人性格和个人品质产生了实质性的影响。但是，许多"冲突的力量和思想"是在"相互误解中发生作用的"。这种冲突集中于工业领域的"焦点"问题上，即工作及完成工作的方式。有点奇怪的是，"工人和他的工作"之间，还没有建立起有效的关系。而且还缺少一种利益的共同体，所以工作群体就不能统一行动，并且陷入一定程度的混乱，即一种无人能理解和控制的混乱。

在一个特别的事例中发现，无论是管理人员，还是工作群体，都不确定“害群之马”是否真的存在，也不明白其判别标准。他们对工作报酬的支付办法理解得并不那么清楚。部门里的人员全都赞成防护装置，其中有一些是管理人员已经知道的，有些还不那么清楚。初看上去，存在一种倾向，将其归咎于“限制产量”的所谓习惯，很快又发现，“限制产量”是一个粗略简化的说法。实际上，并没有那么回事情。显然，即使有开明的公司政策，有精心设计（而且是周详）的生产规划，仍然是不够的。就此止步，仅仅是要求工人执行这个生产计划，以不接受就走人的态度对待工人，那么不管这么做是如何合乎逻辑，其效果就如同医生向不依从的病人开药方——虽然对病人可能有好处，但是病人不予接受。假如个人不能在充分理解工作环境的前提下工作，那么因为他不是机器，他只能是违背自己的意愿工作了。这是人类的本性。即使他全心全意地愿意合作，他也会发现，要将此种行为坚持到自己都看不清楚的终点，那是非常困难的。由此可见，工业的方法越是智能化，面临的操作和行动的难题就越大。这是因为，工业的智能化改进是对外部需要所做出的反应，或者是源于技术发明的进步，但是并不能使它的工人同步智能起来。在霍桑实验中发现了各种各样的问题，但是无论这些被说成是“束缚”的症状是如何明显，它同时也揭示出某些令人烦恼的事情，或者个人卑微的感觉。在忠诚的问题上发生冲突，忠于公司，忠于上级管理人员，还是忠于劳动群体，除非增进理解，否则不可能有解决方案。不管他们是不是承认被“笼住”了，工人们都表示不愿意处于被强加约束和背信弃义的境地。显然，公司的政策越是明智，就越是需要开诚布公的相互理解和沟通的办法。沟通的办法必须包括交谈，即必须了解并有效解决工人遭遇到的和反映出的现实困难，还必须考虑个人的缺陷。

至此，调查工作将“访谈计划”与实验室研究成果联系起来。电器装配工们摆脱掉那些约束以后，就能无拘无束地畅所欲言，其根由至少部分地被揭示出来。人们在工作中的合作，不管是在原始社会，还是在发达社会，要想行得通，总是要依赖于非逻辑的社会规约的演进，它规范个人之间的关系，以及个人相互之间的态度。执着于生产活动的简单经济逻辑（特别是这些逻辑还在经常变化的情况下），去干扰这些规约的发展，结果就会在群体中造成失落感。这种失落感，会导致社会规则处于更低水平，并且与经济逻辑相对立，症状之一就是“束缚”。研究部从摸索前行到豁然开朗，懂得了工人由于长期缺乏被人理解和卑微无助的感觉所产生的怨怒，也了解到这样的经历对于工业或个人具有何等严重的后果。

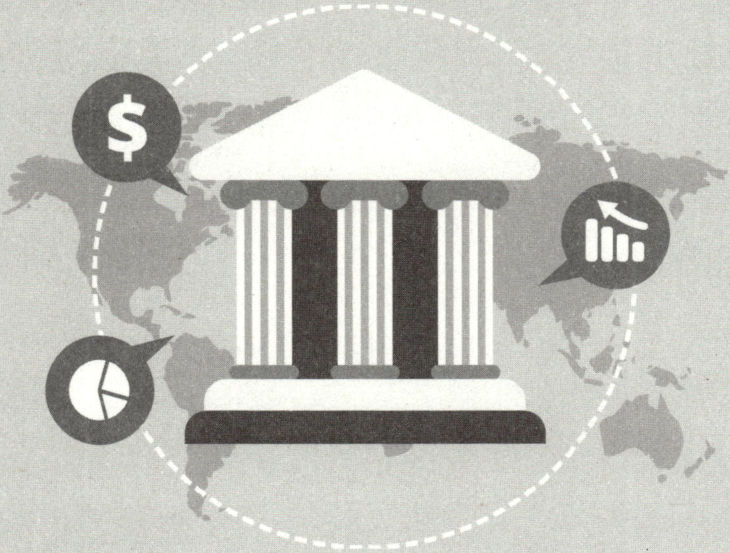

第七章　疲惫和单调是效率的杀手

从管理学诞生以来，人的问题一直是管理学专家重点研究的课题。现在我们已经开始意识到，在每一位企业管理者和每一位经济学专家的现实思维中，都必须对特定条件下的此类问题，有一个明确的态度。在19世纪，人们曾有一种不切实际的奢望，以为有可能找到某种治疗工业病的政治手段，如今这种奢望已经不复存在了。1918年，第一次世界大战结束以来，政治上发生了相当大的变化，既有普遍的改变，也有个别国家体制的改变。但是工业组织中的人的问题，仍然在莫斯科、伦敦、罗马、巴黎和纽约同样存在着。人类的事务从来都是这样，我们是在与自己的无知做斗争，而不是与政治对手的阴谋诡计做斗争。

直到最近我们才认识到，我们需要更多地了解工业中人的因素和人的作用。无疑，这是战后年代的一个进展。1893年，英国曼彻斯特的马瑟普拉特（Mather & Platt）公司的威廉姆·马瑟爵士（Sir William Mather）尝试进行减少每周工作时间的实验，从54小时减到48小时。“两年的试验证明，这种改变带来了产量的大幅提升，也大大减少了工作时间损失”[36]。随之，英国政府军械库和造船厂也实行48小时工作制，但是除此之外，实验的成果并没有导致私人企业普遍采用类似的举措。

[36]　工业疲劳研究局（Industrial Fatigue Research Board），第27号报告。——原注

这种普遍的漠视一直持续到第一次世界大战爆发。从那以后，对这一问题的关注持续发酵。显然，没有人曾充分估计到战争对工业会有如此巨量的需求，工业会被战争机器组织到如此宏大的规模。数以百万计的军队不可思议般地出现了。也没有任何人曾考虑到，这要强加给那些生产各种物资的人怎样的艰辛和持续的努力。当局者逐渐认识到，“国家缺少关于人力资源效率基本规律的认知”。特别是“需要对工作时间和其他劳动条件进行科学研究，以实现最大产量，而最大产量，是全民努力的目标”。我所引用的这篇报告还说，由于缺少这些认知，工作时间和工作条件普遍“渐趋恶化”，工作效率不断降低，不能在长期或短期内保持产量。正是在这种情况下，也是作为国家战争组织工作的一部分。1915年，首次成立了军工工人健康委员会，工人普遍获得了直接而显著的益处，产量也有了很大提高。这是先进行调查研究，继而进行操作执行的结果。关于所获利益，最常被引用的事例是一家军工厂的女工。她们1915年每天工作12小时，长时间的工作让她们始终处于疲劳状态，而委员会成立以后的1916年和1917年，她们的日工作时间降至10小时。比较这组女工的劳动事故发生率，“1915年的劳动事故数量是此后10小时工作日时期的2.5倍”[37]。这些早期的调查研究，只能限于战争时期的工业环境，大部分

---

[37] 军工工人健康委员会（Health of Munition Workers Committee），第2号报告，H.M. 弗农。——原注

研究始于军工工厂。但是其积极成果本身就足以惹人注目，可能普遍应用到其他工业当中。就像我要在本章中指出的：单调和疲惫对效率的伤害，远超于一般企业管理者的想象。

出于特定的原因，我已经提请读者注意英国所做研究的时间进程。从开端上说，这种研究始于突发的、范围几乎是无限大的国家紧急状态。庞大的军队战于沙场，其数量超过历史上任何时期，造成对军火和各种物资前所未有的需求。工业机器开足马力尽力满足这种需求，被沉重的负担压得不堪重负。未能圆满成功的原因，不是因为生产技术的缺乏，而是对持续生产的人力条件了解不够。此时，生物学干预悄然介入，却带来戏剧性效果。工业部门从中学习如何承担其重任。这种形势充分说明了，为什么调查研究者们在对自己目标的最初描述中，会特别强调“产出”和最大生产量。直接的或立竿见影的工作成效是肯定而又明确的，这具体体现在所获得的产量增长中。尽管如此，从一开始，对更进一步的目标，却并不存在误解。这反映在第一批调研成果报告的名称中，都有“军工工人健康”“工业疲劳”等字眼。就是这样，在国家处于紧急状态期间，一群科学家被召集在一起，服务于公众，他们的工作并没有得到公众赞扬的回报，却在公众舆论中赢得了战后继续进行此类研究的许可。于是，始于被明确界定的战时问题且被广泛理解的此类研究工作，在战后得以继续进行，并且研究内容更为复杂，也在不断变化。

对工业疲劳问题的研究，最初被看作是有些简单和特殊的，这大致是没有疑问的。对调查研究者自己来说，至少在某种程度上，更是这样认为的。生理学意义上的疲劳，曾经一度是实验室研究的课题，最初曾有这样的希望，工业疲劳将直接从这些实验中得到显现。“在用实验室方法来测定疲劳程度上，研究者做了大量的探索，通过这些研究，提供了大量关于疲劳的性质及其定位方面的知识。研究显示，疲劳经常是与多种化学物质的产生紧密相连的，其中一些，例如肌乳酸，其成分和作用都是已明确界定的化学物质。而其他的化学物质，比如所谓的“疲劳毒素”，其成分和作用还是很模糊而无法确定的”。这是一位非常著名的学者最近的评论。现在，有一些热心人士，大都与实际工作没有直接的联系，在他们看来，这个问题是非常简单的一连串“因果”关系——工作，然后疲劳，然后再恢复。热心人士的这种意见，似乎意在表明，存在这样一种可能性，即仅靠发现一种化学物质，就可以从工业中消除疲劳。的确，当时有一种建议是，服用一剂磷酸钠，就能得到所期望的（消除疲劳的）效果。

工业疲劳研究委员会对此进行了严格的核查，否定了所有此类想法。经过12年的研究工作，工业疲劳研究委员会于1929年12月发表的第10个年度报告中，列出了专业调查研究人员发表的近60本专题论文。这些专著的分类，首先是根据研究的主题，其次是根据所研究的行业。根据上述分类标准，其标题大致可分为：

（1）工作小时数和暂停休息……10篇报告

（2）行业事故……5篇报告

（3）空气条件……9篇报告

（4）视力和照明……5篇报告

（5）职业指导和选择……7篇报告

（6）时间和动作研究……10篇报告

（7）姿势和体格……4篇报告

（8）其他……9篇报告

按照“行业”的分类标准，所列的行业为：采矿、纺织、鞋靴、陶瓷制造、洗衣、玻璃、印刷业和皮革制作。除此之外，还有按“轻度重复劳动”和“肌肉劳动”的研究对象分类，以及其他各种分类方法。12年以来，所进行的相关调查研究，其数量已经如此之庞大，内容如此多样。事实上，已经很难在一个表格中按照任何一种总体分类呈现出来。单纯的事实发现，简单的补救措施，某种最佳办法，都不能使问题变得具体化。实际上，已经显露出来的情况是，这个问题本身是多因素的，多种多样的因素互相紧密关联，每个因素对了解一个行业都具有潜在的重要性。

本研究报告的内容不仅涵盖此类研究的全部范围，而且也适用于本领域的任何特定的研究。对工业中的生理疲劳进行计量或开发测试方法的尝试，已经小有成效。一份早期报告[38]信心十足地陈述了它对这一问题的解决方案：《控制肌肉运动的一般法则》“还不十分清楚的是，从事肌肉劳动的时候，乳酸在肌肉和血液内形成。这些乳酸可以通过氧化反应而去除，但是如果乳酸积累到某种限度以上，就会抑制肌肉的进一步活动。乳酸形成和经由氧气代谢的分解，两者之间的平衡状态，决定了肌肉运动期间和运动之后的人体生理状况”[39]。这份报告所参考的是一个当时正在进行的某些大学科研项目的成果，这些项目是在希尔博士（DR. Hill）[40]指导下进行的。该报告接着指出，肌肉运动可以分为两种类型：“一类是相对温和的运动，氧气代谢足以防止乳酸浓度达到抑制运动的高水平，在这种情况下，运动可以无期限地进行下去。而另一类是更为剧烈的运动，在这种运动中，乳酸可以快速积累起来，以至于由心肺功能所制约的氧气供应，不足以应付运动的需要，结果导致身体陷入对氧气的‘负债’状况，最终被强迫停止运动，以图恢复……前一种类型的运动形式包括步行，后一类型运动的例子是高速度奔跑。最高速度因人而异，要看各人的健康状

---

[38] 第4个年度报告，1924年9月，第16页。——原注

[39] 引自希尔博士1927年在“罗威尔论坛”（Lowell Lectures）上的演讲。后以《生活机器》（*Living Machinery*）为题，1927年由纽约哈考特布雷斯（Harcourt Brace）出版社出版。——原注

[40] 阿奇博尔德·维维安·希尔（Archibald Vivian Hill），英国心理学家和生物物理学家。1922年，其因阐明肌肉活动生热现象而获诺贝尔生理学奖。——译者注

况、训练和锻炼程度，以及对肌肉的合理运用。”报告接下来表达了对于这些卓越的和意义重大的实验室研究的高度期望。“随着此项研究工作的进展，能够直接应用于工业劳动的研究成果终将产生，特别是在涉及肌肉性劳动中的最优劳动速度，最佳轮班工作时间，休息次数等，……”然后，报告还提及了由英国伦敦大学学院（University College London）和卡斯卡特（E.P.Cathcart）博士进行的（肌肉）疲劳研究。卡斯卡特现在是格拉斯哥大学生理学钦定讲座教授[41]早期的期望就是如此，但是其实现的情况又如何呢？迈尔斯（C.S.Myers）博士1925年撰文说：“这些对肌肉和精神疲劳的实验研究成果，颇有价值，但就其实际应用来说，还远远不够，实验室里的实验条件，远非日常工作中的条件可以相比。工厂里的肌肉疲劳问题不能被孤立起来，不能像实验室那样，不受诸如劳动熟练程度和劳动者智力水平等因素的影响，而劳动熟练程度和劳动者智力水平，又依赖于更高水平的中枢神经系统功能的合理发挥……”[42]之后，迈尔斯谈到，“各式各样的测试不时被发明出来用以测量工业疲劳的程度，但是要保证其

[41] 钦定讲座教授（Regius Professor），是一种学术地位崇高的“皇家”大学教席，英国几家历史悠久的顶尖大学才有，如牛津大学、剑桥大学、圣安德鲁大学、格拉斯哥大学、阿伯丁大学、爱丁堡大学。——译者注

[42] 《工业心理学》（*Industrial Psychology*），纽约人民协会出版公司，第44页。——原注

中任何方法的应用，以界定工业疲劳的含义，那是行不通的”[43]。再后来，他补充道：“如果我们继续在工业领域的条件下使用疲劳这个术语，就要牢牢记住，它的性质是多么复杂，我们对其全部性质是多么无知，我们也不可能做到，在完整无缺的机体层面上区分高度和低度疲劳，区分压抑和疲劳，区分爆发性‘行为’的疲劳和保持‘姿态’的疲劳，或者排除不断变化的关注程度、兴奋程度和意见等的影响。”[44]在此，有人或许会感到疑惑，疲劳一词，其本身或许并没有劳累过度的严重危险，它似乎被用于形容五花八门的状况。

卡斯卡特（E.P. Cathcart）[45]于1928年也表达了同样悲观的结论。在概括工业疲劳的范畴究竟为何之前，对疲劳这个主题本身，需要做一些讨论。这个概念用起来很是顺口，就像“效率”一词，但是一般人都会发现，对其进行界定是相当困难的，甚至几乎是不可能的。疲劳是一种正常的生理现象，但又可以转为病理现象，这正是问题的关键所在，必须首先予以考虑。这个概念指的是什么？疲劳的程度能够被计量吗？应该尝试回答后一个问题。尽管为解决这个问题已经做了

[43] 《工业心理学》(*Industrial Psychology*)，纽约人民协会出版公司，第71页。——原注

[44] 《工业心理学》(*Industrial Psychology*)，纽约人民协会出版公司，第74页。——原注

[45] 爱德华·普路文·卡斯卡特（Edward Provan Cathcart，1877-1954），英国著名生理学家，曾任格拉斯哥大学教授。——译者注

大量的工作，但是答案仍然是否定的。例如，在格拉斯哥这里，我们多年探求，试图找出一种真正可靠的测试方法，结果却是与其他从事此项研究的人一样，得出这样的结论："即从任何学科的角度，迄今都未曾发明出一种能够评估疲劳状态的方法。值得怀疑的是，以我们现在所掌握的手段，是不是存在测量疲劳的可能性。"[46]在同一章节的以下部分，卡斯卡特继续说："但是，工业疲劳又怎么样呢？这个概念并不比一般性的疲劳概念更为清晰，但是虽然我们不能说明工业疲劳的性质，但是这种状态，却是为人们所熟知的。或许，最好的一般性定义是，它是劳动能力的降低，这样的定义就不需要说明其性质了。在工业劳动者中，实际存在着疲劳现象，这是完全没有问题的，它不是以极端严重的形势存在，而是每天进行日常劳动的必然结果。当然，很明显，尽管大部分的相关因素都在控制范围之内，但如果在实验研究中不能找到测量疲劳程度的令人满意的直接方法，那么当前也不可能有计量工业疲劳的直接测试方法。"

间接地，这个问题得到很彻底的研究，至少有一些研究得出的论断，无疑是正确的，且具有重大价值。一些间接用于评估疲劳程度的测试包括：

（1）劳动的产出和质量的变化；

---

[46]　卡斯卡特（E.P.Cathcart）：《工业中的人的因素》，牛津大学出版社 1928 年版，第 17 页。——原注

（2）时间损失；

（3）劳动力流动；

（4）疾病和死亡；

（5）事故；

（6）工作努力程度。

“在所有这些间接测定方法中，总体上最可靠的，可能是计量绩效或者产量的方法。”[47]卡斯卡特认可这种意见，指出在工业中进行实验是极为困难的，原因在于：首先，工业条件下的疲劳有大量因素在发挥作用；其次，使那些不在研究观察之下的条件保持不变，是极为困难的。

更晚一些，1931年，卡斯卡特在英国协会的一个分会——工业合作委员会百年纪念会上宣读一篇观察报告论文，消除了在“疲劳”这个概念上存在的诸多困惑。他认为，疲劳“不能被定义为一个单一的有限实体”[48]。近年，在哈佛大学关于疲劳问题的实验室，韩德森（L.J.Henderson）[49]博士与其同事对积极运动过程中，肌肉血流发生

[47] 《工业心理学》(*Industrial Psychology*)，纽约人民协会出版公司，第 20~21 页。——原注

[48] 《企业与科学》(*Business and Science*)，斯尔文出版社，第 111 页。——原注

[49] 劳伦斯·约瑟夫·韩德森（Lawrence Joseph Henderson 1878—1942），美国著名生物化学家和社会学家。曾任哈佛大学生物化学教授、生物学教授、疲劳实验室主任。——译者注

的生物化学变化进行了专题研究。他们的全部工作成果发表在多家科学刊物上以及韩德森最新著作中。此项研究可以说是基于一个生物学实验方法的成熟概念，其生物学的性质，避免了疲劳是“单一有限实体”、以事件的简单因果关系为特征的假设。

韩德森指出：“一般而言，在有机体的运行中进行因果关系分析，都会导致错误的结论。唯一的选择是做相互依赖的分析，一般而言，不使用数学工具是不行的。”[50]生命体最好是被理解为一个多变量的平衡体系，对于其中各个变量来说，任何一个变量的变化，都会引起整个有机体的变化，因而生物学实验的方法，不应该是试图改变一个变量*a*，同时保持其他变量*b*，*c*，*d*……，*n*不变，因为这是不可能实现的。假如在一个均衡系统中，变量*b*，*c*，*d*受到约束而固定不变，这种约束的影响也会作用于变量*a*。在韩德森看来，对生物学实验的科学控制，不是要去约束限制，而是要进行计量。生命体是作为整体对外界变化做出反应的，为了了解这种反应的一般性质，需要同时计量尽可能多的特殊变量——这样，就可以对外界较小的变化与各变量彼此的变化以及总体变化之间的关系有更多了解。更进一步来讲，这个方法要求克服卡斯卡特指出的生物学实验中的“控制”的难题。

我这里介绍的哈佛大学疲劳问题实验室的第一个系列实验，就是

---

[50]　韩德森：《事实的近似定义》(*An Approximate Definition of Fact*)，加利福尼亚大学，哲学出版物，第十四卷，1932 年 3 月，第 183 页。——原注

这种方法的一个应用。它要解释的是，在正常健康条件下，在完成相同的任务时，不同个体所发生的变化。实验所要求完成的任务是以接近每小时9.66千米的速度在实验室跑步机上运动约20分钟。这些实验的全部结果都刊登在《生理学杂志》上，题目是“肌肉活动的研究”。我在这里列出疲劳问题实验室的迪尔博士（Dr. Dill）的实验结果。

第一次实验主题是以特定速度跑步，观察对训练中的运动员、非训练中的运动员及未经训练的跑步者的影响。变量是血液中的乳酸和碳酸氢盐的浓度。希尔在他的劳威尔（Lowell）演讲中解释说，肌肉疲劳的状况是由于运动中血液中的乳酸含量升高，以及随之发生的“可溶性无机盐储备”，即总碳酸氢盐的下降而引起的[51]。这种状况将最终导致“氧负债”，不能继续跑步。一位马拉松获奖运动员的血液情况比较特殊，其所含乳酸和碳酸氢盐的浓度几乎与休息不动时是一样的。他的“碱储备”没有减少，乳酸的增加可以忽略不计。接下来的两位曾经是运动员，现在已非严格意义上的运动员，但也绝不是完全“停止训练”了。此外，还有一位是从未经过训练的跑步者。受试组中表现最好的是那位运动员，进行实验时的年龄40岁。表现最差的，是一个未受过专业训练的18岁男孩。当然，这样的结果不能说是由于年龄的影响，只能说是来自身体训练的差别。

[51] 希尔《生命机器》（*Living Machinery*），第136页及以下。——原注

第二次实验显示，在进行肌肉运动时，不同受试者的心跳次数的显著差异。那位著名的40岁运动员，他的心率在跑步时并没有升高到每分钟100次以上。而未受过训练的人的情况，他的心跳率很快增加到每分钟190次，6分钟后就因为精疲力竭不得不停止运动。

第三次实验显示的是，各跑步者按每公斤体重净消耗的氧气量。这里又出现了非常有趣的情况，计量结果显示：更好的跑步者的耗氧量实际上更少；换句话说，他用了较少的肌肉力量来完成同样的任务——跑步的技巧，表现为对体能的充分利用。

“将人体的功能比之于机器，对上述资料的最终分析表明，体能训练是机体表现优越的主要原因。那位运动员的优势在于：他有能力满足身体对氧气的需要，这使他能够保持住身体的内部状态，只比静息时有很小的变化。在生理学上已经确立了这样的原理，功能和运用是密不可分的。肌肉运动造成新陈代谢的加速，只有经过训练的受试者才能够通过许多因素的协同作用，有效地予以应付，他的反应，一般而言，对惯于应付这种需要的良好整合系统，是预料之中的事情。系统中的某些变量被测量出来，相对于它们的重要性，可以给出近似值……”

“体能训练增强肺部功能，导致心跳频率下降，增加心脏的心搏出血量，在劳动过程中降低全身的血液压力，或许也能像在肺部一样，大大增加肌肉中毛细血管的活跃区域。所有这些，以及与其他神经系统的未知因素结合起来，形成足够的氧气供应，能够满足比较剧烈的劳动水平时机体对氧气的需要，在长时间内保持身体内部的最佳状态。而未经训练过的受试者，这些作用机制可以说是相对不发达的。”[52]对于未经训练的受试者，他们“在对于运动员来说几乎是毫不吃力就可以达到的活动水平上”，心跳率和呼吸次数就达到最高值。

这些实验对生物化学、生理学和医学的意义重大。这是因为，实验发现了有关肌肉活动时有机体交换的事实。其重大意义还在于，带来了生物学研究技术的重大革新。它们对工业和人的调查研究的间接影响，将在下面谈到。这里有必要指出的是，尽管机体不平衡的某种特殊状况（希尔称之为“疲劳”），在实验中从许多方面进行了详细说明和计量，但是仍然没有能够在工业领域中获得真正的直接应用。这种类型的不平衡或疲劳，或许有时就是在工业中也发生着。但是，事实上这种情况很少见，甚至不存在。有两个理由：第一个理由是老生常谈的，在工业化中，工作越来越多的使用机器来进行，工作人员只是在操作机器；第二个理由是，在工业化中仍然需要体力劳动的地方，总是会发生某种自然选择，选择那些能够从事此类工作而又对机体平衡不造成任何重大干扰的人，例如受过专业训练的运动员。在正

[52] 博克、迪尔等：“劳动中的人的动态变化”（*Dynamical Changes Occurring in Man at Work*），《生理学杂志》（*Journal of Physiology*），第66期，1928年10月10日，第159页。——原注

常情况下，这个选择过程由所谓“劳动力流动”来实现。那些感到工作过于痛苦者，离职而去。而在其他工业条件下，那里并不需要特别的体力劳动，于是这种类型的自然选择，与系统化的职业选择相比，就是多余的了。但是，哪里存在“氧气负债”现象，哪里的自然选择就充分发挥作用。

但是，迄今所报告的实验结果，不管怎么说，都不是对工业化具有重要意义的疲劳实验室研究的全部记录。另一个系列实验，是关于外部温度对肌肉持续活动能力的影响。在这些实验中，几位受试者在实验室里的自行车测力器上做同样的活动：第一，“外部”（相对于受试者个体的外部）温度约50℉（10℃）；第二，在同样的运动要求下，外部温度为90℉（33.2℃），没有空气流动，湿度保持基本稳定（50%），体内温度（直肠温度）用热电偶频繁监测，“心率用心动计数器连续记录”。

对身体温度升高情况的观察结果表明，如果环境有利于散热的话，体温在最初小幅升高后，很快达到稳定水平。否则，身体温度上升到精疲力竭（停止活动）为止。

当体内温度不变时，心率随外部温度升高而加快。单位时间的输出血液量保持不变，或稍有增加。这样，每次心跳的输出血液量肯定随外部温度的升高而减少。随着外部温度的升高，血液向皮肤和不活跃肌肉的供应增加，向活跃肌肉的供应可能减少。

“在我们的实验中，5位受试者中的4位，在高温下活动变得筋疲力尽，而同样的活动在低温下他们很容易进行。但是，总体上看，身体内的乳酸聚集并不明显，能量储备并没有耗尽，肺活量还有大量储备。对这些数据的最合理解释是，心脏肌肉能力自身达到了上限，心脏跳动已经达到最高心率，而其他器官并没有满负荷运转。”

“这些实验具有多方面的含义，因为身体活动经常是在散热不好的环境中进行的。处于热带地区的人们所具有的悠闲从容的习惯，从生理需要上看，是很有必要的。”[53]这些实验阐明和测量另一类型即（上述）第二种条件下机体失衡的某些要素，这种不平衡，尽管与第一种不同，但其作用的发挥，同样使持续工作成为不可能。研究者认为，这对工业的含义也是多重的。

不过在这里，也有一个直接的实例。有一家工厂，从事替换电焊条工作的工人几乎无可避免地部分暴露于电炉的热气中。夏天，当工厂外部背阴处的温度在90~100℉（32.2~37.8℃）之间时，几乎总是要发生中暑事件。而在冬天，那时的工厂外部气温可能是在华氏零度到冰点（–17.8~0℃）之间，几乎从不发生中暑。负责的医务官员指出，这些工厂内中暑衰竭的表现与在实验室中一样，都是身体温度升高102℉（38.9℃），心率加快，达到每分钟160次甚至更高。

---

[53] 希尔、爱德华兹等：《外部温度对身体机能的影响》（*Physical Performance in Relation to External Temperature*），1931 年版。——原注

1932年夏天，疲劳问题实验室的迪尔博士和塔尔波特博士，为了进一步了解在夏季高温下体力工作对人体机能的影响，访问了圆石大坝[54]的建筑工地。他们的实地调查结果还没有发表，但是在这些结果中，有一个发现对工业和对我们都有很大意义。其实就是，在同样的工作条件下，会发生特殊形式的伴随肌肉“抽筋”的中暑。这对于患者个人，可能导致相当严重的病症。我不能对相关的各种因素以及患者的个体差别进行详细说明，但是，重要的发现是在这种情况下，氯化钠（即普通食盐）随着汗水严重流失。适当地摄入普通食盐，就可以有效防止“抽筋”，使人体恢复正常。

行文至此，我们可以回头再考虑“疲劳”这个概念的多种不同的混乱含义。在工业领域做研究的生理学家们如弗农（H.M.Vernon）和卡斯卡特（E.P. Cathcart），对这种混乱的情况有清楚的认识，而阅读他们已发表的著作的读者却没有相同的认识。如今的企业理论，基于一个看上去符合经济学理论的很简单的假设。这个假设是“工作”即是对工人的“索取”，工资是对大致认定的工人损失的补偿。工资按时间支付，于是损失也必须是连续的。或许，这种连续性损失的概念中，有几分在实质上就是商业经济观念中的“疲劳”。当然，也可能

[54] 圆石大坝，即胡佛大坝，以美国前总统胡佛的姓氏命名。其位于美国科罗拉多河上，建于 1931 年至 1936 年，时值美国经济大萧条时期，数千工人参加建坝，死亡人数超过 100 人。——译者注

用似是而非的说法来支持这种观点。例如，可以说成，所有的生理学意义上的“劳动”都消耗能量储备，在工作日结束后，这种储备至少在某种程度上是被耗尽了的。对这种观点的反对意见是，这种说法在任何意义上都并不能反映工业中或生理学实验室中实际出现的问题。

一方面，生理学家们如希尔或弗农，韩德森或迪尔，描述并测量外部关系的一些缺陷所引发的个体“工人”机体不平衡的状态。这种不平衡，并不是与在一切情况下机体病态都相同的意义上的“疲劳”。相反，它的性质既有赖于外部条件，也要看个体状况。对于这些不适应的无尽可能性，我们已经论及未经过训练的受试者和“氧负债”者的三种肌肉活动：室内高温且空气流动不好；运动中心脏效率低下；氯化钠随汗水严重流失，导致肌肉“抽筋”。在每一种情况下，都会出现对身体活动所涉及的变量之间的平衡关系的某些“干扰”。灾难并不是像工资理论所认为的那样，一步步慢慢走来，它一旦出现，个体很快被迫停止劳作。

另一方面，生理学家们同样说明和测量了个人持续完成指定任务的状态，甚至是在实验室的条件下。他们指出，在这些实例中，劳作者达到一种“稳定状态”。他与工作任务相匹配，他可以在高能量消耗状态下保持身体内部平衡。同样，进行持续的肌肉活动时，如果对氧气需求能够得到充分满足，就可以达到“稳定状态”。这种稳定状态，意味着一个相对恒定的总换气量，只排除新陈代谢所产生的二氧化碳，心跳和呼吸次数平稳，内部状态稳定。[55]如果个体能够达到这种稳定状态，那么就可以指望“身体内的最佳状态”，能够“在长时期内”保持下去了。[56]与这些发现相仿，现代工业化的问题并不全然在于（甚至也不是主要在于）整体有机体失衡的领域之内，这个说法能够很容易地用哈佛大学工业研究部门与疲劳问题实验室合作进行的测试加以阐明。读者将会注意到，在这些事例中，个体受试者是被强制“放弃”他正在做的工作，他的脉搏率和血压受到不良影响。这些症状，是正在发生的情况的信号，尽管这些信号并没有表明所发生的情况的性质（例如，心跳加速，既可以是缺氧的标志，又可以是外部温度造成的心脏功能下降的表现）。既然如此，就可以在一个工作日内，连续定时地测量和记录心率和血压，以充分确定某部门的劳动者是不是在“稳定状态”下工作着。劳夫金（O.S. Lovekin）的两篇关于在实验室条件下和在工厂中进行的“脉搏乘积”测量（脉压乘以心率）的论文，显示出不同类型的劳作要求消耗不同的能量，但是总体而言，工厂劳作者的脉搏乘积较低和更加稳定（参见表1）。这就是

[55]《生理学杂志》(*Journal of Physiology*)，第 66 卷，第 2 期，1928 年 10 月，第 162 页。——原注

[56]《生理学杂志》(*Journal of Physiology*)，第 66 卷，第 2 期，1928 年 10 月，第 159 页。——原注

说，工厂工人在劳作时，身体器官更像是处于“稳定状态”。[57]

表1　工厂不同职位的平均脉搏乘积和其他资料

序号	工作类型	工作姿态	工作日时长	性别	平均脉搏乘积
1	检查和收叠衣物	站立—无流动	8小时45分	女	41
2	机械修理工	无固定姿态	9小时45分	男	41
3	绕线圈组	坐姿	8小时45分	女	39
4	绕线圈组	坐姿	9小时45分	女	36
5	纺纱	站立流动	9小时45分	男	35
6	剥云母	坐姿	9小时45分	女	35
7	工作台电器操作	坐姿	9小时45分	女	31
8	动力锯床	坐姿	8小时45分	女	31
9	速记，计件	坐姿	7小时25分	女	31
10	继电器组装（测试室，无工间休息）	坐姿	8小时45分	女	30
11	零件传输	站、坐姿	7小时30分	女	29
12	绕线（纺纱厂）	站姿，多次中断	9小时	女	29

所以，生理学意义上的劳动概念，对商业–经济理论并没有什么贡献。劳动只能在稳定状态下进行，在任何普通工业条件下，工作中断

[57]　劳夫金：“工厂条件下的人工效率的量化测量”（Quant. *Measurement of Human Efficiency Under Factory Conditions*），载于《工业卫生杂志》（*Journal of Industrial Hygiene*），第12卷，第99~120页，第153~167页。——原注

不是由于能量储备的任何局部耗尽，而是源于某种“干扰”。这种干扰的性质是外部环境，这种外部环境使个人产生实际的有机体的不平衡，这种非平衡的状态使得他不可能持续劳作下去。

“我们可以说，疲劳所指的并不是一个实体，而仅仅是描述种种现象的一个便利的词汇。常见的误解以为‘疲劳’这个词汇对应于一种确定的事物，这是许多困惑产生的根源。短期急剧活动造成的疲劳，不管是全身的还是独立的肌肉群的，其特点都是乳酸增加，以致一时不能继续下去了。而能量储备消耗造成的疲劳，并非普遍发生，但是一旦出现，对血液进行化学分析就会发现低血糖。在高温环境中劳作所产生的疲劳有许多表现形式，最简单的计量方法是心率加快。最后，两人做同一项工作，一人可能比另一人更为疲劳，原因是非熟练工作者的神经协调不良，使得他需要消耗更多的能量。一般而言，这些原因中任何一个所导致的疲劳，越接近个人的劳作能力，就越严重。”[58]那么，一点也不惊奇，英国研究局将“疲劳”两字从其名称中去除。人们很容易得出轻率的结论，因为存在“疲劳”这个词汇，所以也必须有与之相对应的简单事物或事实——这是韩德森在他的帕累托研究中讨论过的普遍性谬误。工业调查研究者总是在自己的工作中被迫地顾及复杂条件中的许多因素，尽管对工人和对工业化的综合

---

[58]　迪尔（D.B.Dill）：《人事部》（*Personnel*），美国管理协会，1933年5月。——原注

影响不尽人意，他们仍然执着于去发现非平衡状态的性质和干扰的性质。疲劳研究局的科研工作者所发表的论著，并没有直接讨论“疲劳”，他们探究劳动时间和休息暂停、通风条件、视力和照明、职位选择（比如不同工种的个人区别）、姿态和体格等。

上文中我们讨论的主要是“疲劳”对工作效率发生的干扰和妨碍，其性质并不都是危害机体的。而除了疲惫之外，单调的工作同样会对工作效率造成损害。

生理学家已经发现，劳作只有在一种“稳定状态”下才能持续进行。他们认为，这意味着机体能够对外力做出反应，只有在身体内部诸多相互依赖的变量之间保持平衡的时候，才能办到。坎农（Walter Bradford Cannon）[59]博士形容此种状态为“内环境稳定”，是“对内反应”的因素和“对外反应”的因素之间的平衡。假如达成了稳定状态，那么“身体运动可以无限期地进行下去”。如果一个人不能继续做下去，而对这种无能为力的约束是来自人体器官组织，那么这就是一些外部条件变化或内部能力不足发生了作用，使得对内反应不能支撑对外反应。

工业调查从一开始就被迫认识到，工业中阻碍持续劳作的干扰不

[59] 坎农（1871—1945），美国20世纪贡献最大的生理学家之一，曾任哈佛医学院心理学系教授，将X射线用于生理学研究的第一人，钡餐设计者，提出生物体“自稳态”理论。坎农的情绪理论，被称为坎农—巴德学说。——译者注

只是或者主要不是来自机体器官。1924年，疲劳研究局的一份早期报告在讨论制度性工间休息安排的影响时说："按照劳作的性质，工间休息必须明确地从以下两方面来认识：一方面，对于肌肉性劳作，休息必须主要被看作是字面意义上的休息，即它们是生理学意义上疲劳的恢复时间。另一方面，对于主要特征是重复而不是劳累的工作，需要考虑的主要因素，是厌倦和单调，而不是疲劳。在这里，工间休息可能要靠基本岗位上的变化，而不是完全停止工作。因而，这是两个大不相同的问题，需要做各自独立的研究。显然，工作单调与疲劳是不同的问题，阐明其中的区别，主要应归功于弗农博士，他是早期军工工人健康委员会和疲劳研究局的一位资深研究者。1924年，弗农发表了两篇专题论文，一篇研究工业生产中的工间休息问题，另一篇则是对重复劳作各种影响的一些分析。怀亚特（S.Wyatt）[60]先生也参加了这两项研究，此后又将研究向前推进了一步。前一篇专题论文包括两项研究，第一项研究是由弗农和贝德福德[61]进行的产业现状调查；第二项是怀亚特所做的实验性研究。产业性研究的结论是这样的："在劳作时间中引入工间休息（5~10分钟）的效果的估计，是很困难的，因为不能排除其他影响……但是，实施休息之后，产量有了不大的然

[60]　怀亚特，英国工业疲劳研究局研究人员，参加多种研究报告的撰写工作。著有《工作单调的影响》等。——译者注

[61]　贝德福德（Bedford），当时为英国工业疲劳研究局研究人员。——译者注

而是确凿无疑的提高，在大多数研究事例中都是如此，甚至在充分宽裕的保守估计之下，也是这样……工间休息的效果，经过几个月后充分显现出来。”

“除了制度化的工间休息，工人在工作中经常有一些变化：（a）故意从工作中抽身休息；（b）必须做些杂务和其他工作，这些事情使得他们能从主要岗位上的千篇一律中解脱片刻。”怀亚特的实验性研究在工业环境中并不复杂，所以，结论也就更为明确。“现代工业中的客观情况是，工作单调的趋势日益严重。这主要归因于劳动分工的进一步细化，批量生产日益增加……尽管这些客观情况推动了工作单调性的增强，但单调性的程度，恐怕更多的是要看作业者自己对工作的态度。众所周知，不同的人对于同一种行业工作，会有不同的主观感受。一些人可能认为工作极为单调，有时甚至是不可忍受的，而其他人则觉得相对愉快，宁愿就做这项工作，而不愿调换到其他较多变化的工作上去。然而，如果工作具有主观同质性，并引发工作者感觉单调，那么，它对作业活动就产生一种抑制的作用”。弗农和怀亚特都关注产出曲线，也不约而同地发现，不仅疲劳是减少产量的“干扰”，单调也有同样作用。“这份研究报告所展示的实验结果表明，作为考察对象的那些单调的活动，导致相当大的产量减少，在工作班次的中间时段最为显著。在工作班次的中途实行15分钟的工间休息，就可以在某种程度上避免这种产量下降……产量的增加不仅是在休息之后，而且在休息之前也发生……”

4年后，也就是1928年，弗农在对工作时间的影响的研究中说，工间休息的心理作用可能比生理影响更大，尤其是在单调重复的作业活动下……对工间休息的心理效应，不可能直接测量出来。但是，对三家工厂的劳动力流动情况的研究，得到了间接的证据，那三家工厂的劳作大致一样，报酬也基本相同。三家工厂都在大型现代化建筑内，设备完善，每周工作时间基本相同。1923年至1925年，工厂B的妇女雇员的劳动流动率平均为25%，而工厂A为42%，工厂C为94%。“劳动流动率取决定于多种多样的因素，不可能解释得很确切，但是，在劳动流动率最小的工厂（B），存在一个富有启发性的情况，那里每班工人有一个15分钟的工间休息，可以到小卖部走走，下午有免费茶水的供应；劳动流动率处于中位的工厂（A），工人不能离开作业岗位，但是，可以有3分钟的空隙，享用管理部门提供的茶水；而在流动率最高的工厂（C），根本没有任何休息时间，还劝止工人私下里喝水进食。”[62]弗农总结道：“在连续5小时的一班工作中，安排一个工间休息，进一些茶点，是符合人们的心愿的。

（1）从生理要求上说，事实上，早餐距正餐的时间一般长达6小时；

[62] “关于工作小时数的两项研究（*Two Studies on Hours of Work*）”，工业疲劳研究局，第47号报告，第3~5页。——原注

（2）从心理要求上说，这是对单调工作的调节。[63]

1929年，怀亚特与弗雷泽（J.A.Fraser）合作进行的关于“单调的影响”的研究成果发表了。该书所报告的内容，一部分是实验成果，一部分是直接的工业调查的结果。工业调查的对象包括多种类型的不同劳作，都是重复性的——如绕线圈、烟草称重、巧克力装盒、肥皂包装等。接受调查的产业劳动者，智力水平参差不齐。简而言之，怀亚特的第一个结论是：“厌倦的感觉，在过程重复的劳作中广泛存在”“厌倦导致工作效率降低，尤其发生在一个班次的中间时段”“厌倦也导致工作效率的更大波动”，还是“过长估计时间过程的原因”，而过长地估计时间过程，随之总是有工作节奏的放缓。他又一次发现，“厌倦感觉的强弱，主要是取决于个人的特点和癖好”。智商高的工人更容易厌倦，但是他们的“生产效率通常高于平均水平”。

然而，除了这些，他还有两个意义重大的观点：厌倦的程度，与劳作的机械化程度有一定关系。厌倦不易发生于：①工作全部自动化时。此时，思想可以游离于工作，转向其他更有趣的事情，或者可以与其他工人交谈。但是，如果思想不能如此转移开去，那么，厌倦就会特别严重。②当注意力全部集中到工作上，这时，各种非预期事件

[63] “关于工作小时数的两项研究（*Two Studies on Hours of Work*）”，工业疲劳研究局，第47号报告，第16页。——原注

和复杂情况经常出现。厌倦的感觉可能较为微弱……（厌倦的）感受在半自动化的劳作中最为显著，那里要求足够的注意力，不能走神，但这种注意力又不足以使精神活动达到全神贯注的水平。我认为，这些结论可以被美国的工业实践所广泛证实。上一章中我提到，（哈佛大学）工业研究部的劳夫金在多家工厂做“脉搏乘积”的测量时颇感兴趣地发现，他测到的一些脉搏乘积最低和最稳定的工人——这表示他们的工作压力最小——是那些在输送带旁工作的年轻妇女。他的看法是，在那种情况下，工作是在最高自动化水平上和集体性社交愉悦中进行的。

怀亚特的第二个颇有意义的结论是这样表述的：“感觉到的厌倦程度，与工作条件有一定关系。它较不容易发生于：

①在一班工作中的适当时候，操作方式有变化；

②工作报酬是根据产量计件发付而不是根据劳动时间计时发付；

③工作可以被当作一系列的独立的任务，而不是无休无止、没完没了的操作；

④操作人员可以结成小型群体工作，而不是孤立干活；

⑤在一个班次工作中实施适当的工间休息。”

这里，我们应该稍停片刻，以确认没有误解弗雷泽和怀亚特的观察结果。“单调”这个字眼，正如“疲乏”那样，引起大家的联想，很容易使我们假定，必然存在一个符合“单调”这个概念的单纯事实。由于我们自己也都知道“疲倦”和“厌烦”是什么样的感觉，所以我们总是倾向于认为，在工业领域工作班次中间时段的所有已记录的产量下降现象，或者在一个时期内劳动者流动率较高的现象，都是个人态度的问题。不过，产量和劳动者流动率下降，是有案可查的；而“厌倦”的感觉，则是一种高度假设的解释。我之所以说是高度假设，是因为很明显，正如“疲劳”是用于形容多种组织器官的能力障碍，且都不同程度地受制于各类外部条件，所以单调也是用于形容各种各样的个人状况，其产生条件各不相同。弗农和怀亚特所说的一切，目的是要使人明白这个道理。

卡思卡特也有这个意思，他在1928年写道：“与‘疲劳’非常相似而且同样令人难以理解的另一种现象，是‘单调’。我们对单调真正知道些什么呢？……谁来判定什么是单调？有一句老话说，‘一人之美味，他人之毒药’，用在这里很是恰当。个人之间差异极大。一个职位可能对某人来说是彻头彻尾的单调，只能引发痛恨和厌恶；而对另一个人，可能觉得是舒服自在和得心应手的。还有，今天认为是单调的，明天就不是那样了。单调不单调，因人而异，甚至同一个人也会因时而异。”心理学的一个困扰是，在做细致入微的观察研究时，它总想咬文嚼字，不去使用那些会引发听者脑海泛起对往事模糊记忆的词语，心理学的这种困扰，在某种程度上，更甚于其他领域的研究。由于相互依赖的因素，我们没有摆脱韩德森或希尔所用的严格的方法，在一定条件下，不再是机体性质的，而变成个人和社会性质的，因而更加难以测量。的确，这种测量上的困难，也就是其精确度和特殊性的困难，使得任务大大复杂起来。对细枝末节的东西进行测量，比起首次给出重大因素的估计值来，要容易得多。所以，我们会发现，许多自我标榜的心理学理论陷入了徒争口舌的困境，就像困在斯库拉（Scylla）岩礁与卡律布迪斯（Charybdis）大漩涡之间左右为难一样，最后的结局很可能是跌跌撞撞冲下悬崖，坠入大海。[64]好了，我还是赶紧回到讨论主题上来吧。在上述弗农和怀亚特的调研成果中，有两个结论值得认真思考：第一，重复性劳作不利影响的大小因人而异，因为这涉及例如个人天分和气质的禀赋（姑且这么说）的因素；第二，特定行业团体的社会性或个体性，会以某种方式对此产生影响，而且是深刻的影响。幸运的是，弗农和怀亚特的调研所提出的这两个问题，已经得到疲劳研究局两位调查研究高手的关注，我说的是梅·史密斯[65]（May Smith）女士和米莱斯·卡尔平[66]（Millais Culpin）

[64]　斯库拉，希腊神话中吞吃水手的女海妖；卡律布迪斯，希腊神话中的女妖。有西方谚语用“处于斯库拉与卡律布迪斯之间”来比喻进退两难，腹背受敌。——译者注

[65]　梅·史密斯，英国著名工业心理学家，英国工业疲劳研究局高级研究人员，1910—1930年，在相关研究中建树颇丰。——译者注

[66]　米莱斯·卡尔平（1874—1952），英国心理学家，1920年代，潜心研究医学心理学和工业健康问题；1931年，任健康和热带医学伦敦学院工业和医学心理学教授。——译者注

先生的工作成果。早在1924年，史密斯小姐就发表了一篇鲜为人知的短论文，题目是“调查研究者面对的一般心理学问题”[67]。这篇短论文，是她对个人行为的社会决定因素的研究所做的第一个贡献。她的文章是如此精彩，我要长长地引用一段。她说“不只是可能，而是一定，工业状况的研究者会遇到工作普遍千篇一律及其对个体工人的影响的问题。最常用的形容此种千篇一律的词汇是‘单调’，这通常被一致认为是‘重复动作’的同义词，其原因并不难理解。通常，批评或描述工业生产过程的人属于这样一类人：他们不习惯于长时间做纯粹重复动作的工作。看到工人在这样的劳作，他老是会想象他自己在这样的状态下会有何种感觉，并将自己的感觉加于工人身上，于是将这种劳动方式贬为单调。他的结论可能是正确的，也可能是错误的。正确与否，要看那位工人（的意见）。‘单调’意味着这样一种状态：没有变化，水波不兴，不给人带来任何智力上的刺激或情绪波动。要打破单调，必须具备两个要素：①客观的实际变化；②个人受此种变化的影响。最激动人心的事情，也打动不了抑郁症患者。所以，对重复性活动，或者必须就其本身进行考察，或者必须置于它们的全部环境条件中进行研究，这些环境条件至少包括：重复性的劳作，随工作时间延长而单位时间产量变化，劳动伙伴和管理层对此项

[67] 工业疲劳研究局，第 4 个年度报告，第 26 页以下。——原注

工作的态度，进食、疲劳等生理上的现象，感情波动……以及该工厂的集体生活。任何给定时点的全部反应，都是对综合环境的反应，而综合环境本身也是不断变化的。对综合环境条件中的一个或其他要素的认识和觉悟，因人而异，甚至同一个人也因时而异。”关于单调的问题，史密斯小姐建立了个人差别性这个主旋律。然后再回到她的主题上：“最近，作者花了一些时间，深入两家做同样的重复性劳作的工厂调研。在一家工厂，无精打采的抱怨很多，而另一家工厂根本没有；在一家工厂，大部分人的脸上都现出默然的呆滞表情，而在另一家工厂，工作中到处是显而易见的愉快和幸福。假如，采用同一个思路在这两家工厂中对重复劳作进行考察研究，那么结果将大相径庭。在一家工厂，似乎没有人关心工人的需要，那里不存在团队精神，到处松松垮垮，工人唯一的兴奋点，就是拿到每周的工钱，这样一来，兴奋也就必然是一阵一阵的了。而在另一家工厂，（工人们）不仅对工作真切感兴趣，而且，这种兴趣随着时间过去而越来越强烈，还要争取获得工厂当局的表扬，希望参与许多加强相互之间联系的社交性活动。重复性的劳作，是整个图画的一条线，但不是整个画面本身。”

“一个观点有时被人忽视，即如果你把工人当作人类的一员，而不只是作为一个重复劳动的作业者来研究，那么许多劳作过程都是有补偿的……有一些工人，使用特定的机器，连短暂的离开都不情愿，这显示出他对机器本身产生了兴趣，这一点很容易被考察劳作的人忽略，但是除非有证据表明其不成立，这是不应该被遗漏的。”

“做重复性劳作的工人，或许只是重复为数很有限的几个动作，但是他的情感世界，却可能相当丰富多彩。他必须调整自己，以处理好与上级、同事和下级的关系。如果不能讨好上级，那么他或许会从其他人那里得到同情和支持。他有倾听者，因而即使一个专横的工头，也不能对他为所欲为。从工人的角度来看，这种状态包括哪些内容，很难做出评判，其中至少包括：因上级的粗暴批评而产生的不公正感觉，工作伙伴们的同情带来的支持，与伙伴们合作对抗上级的团队精神，而某些性格强烈的人物从发牢骚中所得到的愉快感，也是无法计量的。当这些事情发生时（还真的不少呢），问题的重点将从工作的单调性，转向情感的激发”，然后，史密斯女士阐述了，“当来自上级的表扬引发另一种情感，这也不过是将对重复劳作的关注转移到社会性环境上来的故伎重施。”她接着说：“所有的工人都知道，日子的长度不一样，一个10小时工作日，会短于8小时或9小时工作日。活儿还是那些活儿，只是总体环境和个人情感的差别而已。有许许多多对工厂环境的描述，就像是骷髅骨架一般，缺血少肉，或者就像是对动作分解研究后做出的线架结构复制品，它们描摹得都对，但就是缺少人文的东西。”

“我并不是要说，重复性的劳作本身是好东西，问题在于，研究重复性劳作的人，总是要面对这些人性的问题，这些问题不该被漠视。机械论的观点，就是源于这种忽略。”

“把人视为机器的某种延伸，这种观点有时是含蓄表达的，甚至在讨论智力问题时也有。有时，那些负责员工调配的人说起话来，好像选配人员的事情，只要搞清楚以下两点就可以了：①特定工作所需要的智识水平；②具有这个智识水平的人。当然这可能是正确的，即比起不合适者来说，照此两条行事或可带来更为和谐的关系，尽管如此，对情感差异进行研究，也是同等重要的问题……行为如果涉及高度集中的注意力或有限的细微调整，那么心理上的冲突，不管是自觉还是无意识地，要比粗放的动作以及粗暴的调整要求，影响劳动成果的可能性更大一些。无疑，最好的办法是救助受难者，尽管这个建议完美无缺到不现实的地步[68]，但是至少这是受难者所愿意得到的，也有更大的可能来引导他的活动进入另一个境界，在那里，原有的（智力低下的）弱点，就不会再加上无能为力的感觉，以及随之而来的沮丧。智能本身，不是获致成功的唯一标准。”

最后，史密斯女士回到这样一个非常重要的问题上，即工业领域的调查研究者，应该以什么样的假设作为出发点，应该使用什么样的

---

[68]　意为不可能实现的理想化建议。典故出自《圣经》马太福音第 19 章第 21 节：耶稣试图教化一位向善而富有的年轻人说：“你若愿意做完全人，可去变卖你所有的，分给穷人，就必有财宝在天上，你还要来跟从我。”那人听后深为忧伤，转身离去。——译者注

方法来调研。“伯特（Cyril Burt）[69]博士在讨论少年犯罪问题时，非常恰当地总结出了多重因素决定的理论，这个理论认为：一种特定的结果，并不是因为一个因素在所有人身上发生同样的作用而形成的，那样的话，这个因素就总是会导致同样的结果。相反，有多种因素，它们共同作用于特殊性格、气质、性情的人身上，这才决定了会有何种结果”。[70]很明显，在我们能够顺利洞察“单调”为何物，及其在工业中所起何种决定性作用之前，需要充分考虑以下几个因素：①外部劳动环境；②相关人员的社会个人条件；③个体能力和性格差异。

米莱斯·卡尔平和梅·史密斯在对关于报务员痉挛事件发生率的调查研究中，论证了他们所使用的方法的重要性（研究报告由疲劳研究局于1927年发表）。卡尔平博士是精神心理病学的权威专家，或许他做此项研究的初衷，至少是为了发现一个简单的办法，来淘汰较易丧失工作能力的电报员。但是，此项调研报告的问世，意义远非如此。实际上，它提出了一个方法，用这个方法，不同个体的“厌倦”感，可被进一步分析，某些情况下，甚至可以被解除。

他们对这种调研方法，做了简要说明：“一个研究对象（工人），如果只是作为某项劳作之特定组成部分的操作者，并没有多大

[69] 西里尔·伯特（1883—1971），英国心理学家，长于教育心理学和心理学数据分析。其去世后，有关智商遗传的研究，被指证存在欺骗行为。——译者注

[70] 工业疲劳研究局，第 4 个年度报告，第 29~32 页。——原注

价值，这项工作对于操作者来说只是工作整体的一部分，是他对行为要求（不管是现实还是想象）的各种反应的集合。有时候，对于个人来说，幻想的生活，而不是显而易见的现实生活，对他更加重要。要想彻底了解一个人，那是完全不可能的，但是掌握研究对象的足够明晰的个人观点，来洞察他所做的工作与他对生活的一般态度之间的关系，却已经被证明是有可能的。”调研者指出，虽然用“测试”的方法来评价受试者的一般智力水平现在已经是比较容易的事情了，但是要想鉴别构成他个人性格的其他重要品性，却“没有可靠的客观的方法”。所以，他们采用了如同医学临床那样的访谈方法，“医生在这样做的时候，他所了解到的情况及其解读，必须建立在（相互）依赖的基础之上”。

具体的访谈方法大致如下：

一、对受试者（个体）的一般情况的了解，也就是，我们都耳熟能详的那些常规问题。

二、以多位受试者（个体）的情况为指引，将受试者外在的行为和表现与其可能揭露出来的精神状态联系起来考察。

三、提出有关生活中不同处境的问题，有可能更加全面和准确地了解受试者，因而证实、证伪或修正先前的印象。

“经常发生的是，一旦开始访谈，受试者将会倾诉自己的个人情况，此时，调查研究者不要用提问题来干扰他。”

在陈述他们的研究结论时，调研者探究了一个问题——“为什么电报行业会有痉挛的现象，而性质相似的其他职业中却不存在”。我们可以这样认为，由于这项工作的特有性质及必然的严格要求，（痉挛）症状的独立性，及其对行为的影响，都发挥了作用，促使人们对这个现象给以特别的注意。在其他职业中，容易出现痉挛的人，可能精神崩溃，但是也可能，许多精神崩溃的电报业内人在对个人要求比较宽松的工作条件下，基本上能够表现正常。在英格兰，电报员的职业是终身制的，这对某些人颇具吸引力；而在美国，劳动力流动更为频繁，也就很难观察到这种痉挛症状。在终身制这一优越性的对立面上，也可以举出工作岗位相对固定的不利之处。

于是，电报行业特有的“痉挛”症，在“其他类似工作性质的职业中并不存在”。这种工作的性质“要求严格”，工作条件“死板僵硬”。但是，尽管英国的电报员大受其折磨，这在美国的电报员中却很少发生。这种症状发生的原因，不是工作性质本身，而是一般环境条件的某些差异——或许是因为美国1926年的“劳动力流动性”更大一些。这强烈表明：①社会性的行业状况存在差异；②以精神冲突为特点的个人心态——既要保住这个终身制的职位，又对工作要求严格和工作内容僵硬产生越来越大的厌恶感，两者争斗不休。或者，这正是对厌倦（至少是它的某种类型）进行分析的一个步骤。

我已经长篇累牍地引述了英国文献中关于这个意义特别重大的工

作的进展报告，这是有特殊原因的。之前我叙述的两个事例是要说明，在美国进行的工业调查已经被一步一步地引向同样的方法和假设。这个现象颇有点意味深长，因为在调查研究的初期阶段，美国这边与英国的调研者们从来都没有联系。第一个事例是，1923年进行的费城调查；另一事例是，在西部电气公司芝加哥霍桑工厂进行的为期5年的调查。

“单调”这个词语，如同疲劳，是用于表示在工人身上发生的任何程度的失衡。这种失衡，或者使得工人不能继续工作，或者他只能在低水平上继续工作。对于不同的个人、不同的状况，失衡会有多种多样的表现形式。深入了解这些状态，去寻找外部条件中（有些也是在个人自身内）起作用的一个因素或多个因素。失衡，用坎农的话来说，既有对内反应的失衡，也有对外反应的失衡；既有个人内部的不平衡，也有他和他的工作之间的不匹配。但是，无论是调研人员自己，还是他们的直接指导者，都未能确定和说明造成此种状况的外部条件。

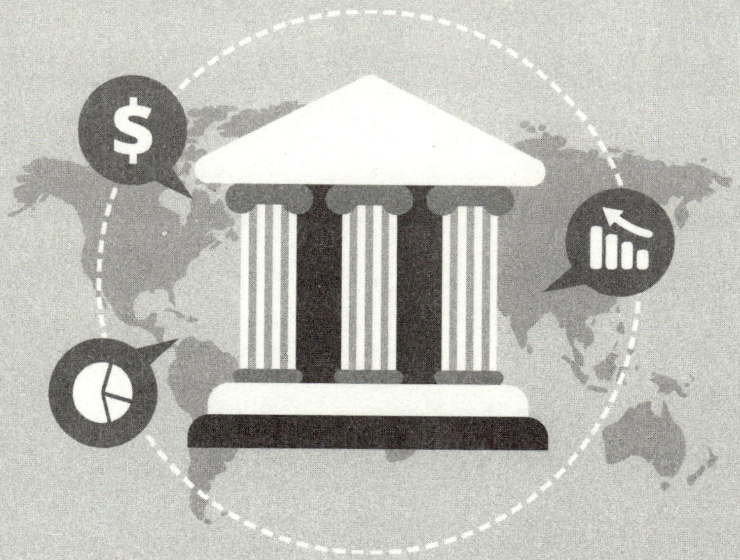

第八章　警惕非正式群体降低执行力

还有许多工业领域中关于人的调查研究，或者与工业有关的对人的调查研究，本书没有述及。例如，关于职业选择和职业指南的调研成果、智识能力测试的进展、与营养与体格相关的生理学研究，或对工作和活动中身体姿态所做的生理学研究，所有这些调查研究都是重要的，其意义之重大已是不争的事实。

但是，要想在10个章节中全面论及如此广泛的领域，那是不可能的。在本书中选择哪些研究成果报告出来，不仅只是根据这样一个事实，即所引述的研究都是当前哈佛大学以合作的方式正在进行的，而且还有另外两个标准：第一，本书所讨论的这些林林总总的研究，生物化学的、医学的、工业和人类学的研究，显示出相互关联形成一个整体的迹象，这种相关性如果继续发展的话，将大大增加我们对工业文明中人的问题的理解和控制。第二，本书所探讨的问题，在当前世界局势和状况下，具有特殊的重要性和紧迫性。事实上，这是一些我们对其现状了解最少的问题，是强烈需要专业关注的关于人的课题。

在霍桑工厂后期的一次实验中，我和同事想测试一下计件工资制度对工人能够产生怎样的影响。我们挑选了14名男工人，他们将在单独的车间里从事绕线、焊接和检验工作，就像我说的，对这个班组实行了特殊的计件工资制度，工作努力的工人能够得到明显更多的奖金。

按照设想，这个班组的产量会远超其他班组，因为对于工人来说奖金是很丰厚的。不过一个意料之外的情况出现了：在最初一个月里，这个班组的日产量相对较高，但是在接下来的几个月里，产量只保持在中等水平上。这是一个让人困惑的情况，因为研究人员尽管调整了福利、休息时间，并同工人进行了个别谈话，产量还是没有明显的提升，好像这一切措施和物质激励突然失去了作用。

通过观察，研究人员还注意到几个异常的情况。首先，班组内的14名工人平均日产量都差不多，而且还曾发现过有人并没有如实报告自己的日产量；其次，对个别工人的访谈没有达到应有的效果，这个班组的工人似乎并不乐于和研究人员或管理者接触。这种情况使得我们对这个班组产生了好奇，在进一步观察中发现这个班组似乎成了一个特别的团体，一个利益共同体。比如，为了维护这个团体的利益，工人们制定了一个作为标准的日产量，14个工人每天按照这个产量工作，不能太多也不能过少。同时，团体内的每个人都要自觉地保守秘密，不能向研究人员或管理者透露。他们甚至还有违规的惩罚措施，如果有人违反了上述约定，就会被群体排斥，轻则挖苦谩骂，重则拳打脚踢。

在这里我们有两个问题：第一，工人们为什么不愿意提高日产量，拿更多的奖金？第二，这个小群体究竟是怎样形成的？

第一个问题很快有了答案。工人们之所以维持中等水平的产量，是担心产量提高后管理当局会改变现行奖励制度，导致工人报酬降低；或者会因此裁减人员，使部分工人失业；或者会使干得慢的伙伴受到惩罚。这是让人惊讶的部分——工人为了维护班组的团结，甚至拒绝了奖金的诱惑。这个班组尽管人员不多，而且组织松散，但是却在事实上成了一个群体，或者可以将之称为“非正式群体”。

第二个问题则是我们必须要重视的。在一个存在社会交往的组织内部，“非正式群体”的形成简直是一种必然。组织内成员间天然存在的好恶感、情感、态度以及利益关系，在外部环境的作用下，将会自发形成小型群体。这种群体有自己的特殊的行为规范，对人的行为起着调节和控制作用。与此同时，内部的协作关系也得到了加强。

必须指出，在任何组织中都存在着大量的“非正式群体”。我们回顾在费城、霍桑的现场实验时，都发现了这一点。一个组织中的成员总有各种需要，其中有些可以通过整体福利调整和沟通来满足，但总有一些是很难从正式群体中获得的。正式群体是按照明确的规章制度运行的，这使得成员间存在各种职责和层级关系。在这种“管理与被管理”的角色塑造下，他们的心理需要、感情需要难以得到满足。而在非正式群体中，员工之间的这种非工作关系、自发关系使他们在这方面的空白得以弥补。需要的满足对员工的工作积极性影响很大，从而对群体目标的实现、群体的工作效率产生重要的影响。

非正式群体带来的问题也是显而易见的——它的存在本身可能会给整个群体管理带来一些负面影响。组织中的小群体会具有一定的倾向性，而这种群体中普遍存在着一种“从众心理”，也会导致某种倾向的加剧。此类非正式群体易于形成一种“集体思维”的模式。成员之间对群体内共同认可的规范准则持完全信任的态度，呈现出一种“心理相容”的趋势，并尽力对之做出一致的解释。由于非正式群体本身具有一套不成文规范并以之对其成员施加压力，使其本身表现出一致向外的行动倾向。从消极的一面来说，若此倾向与组织整体的目标相冲突，则毫无疑问会损害组织的执行力，有时甚至会产生严重后果。

非正式群体有时候还会从内部撕裂组织。小群体中的成员在获得“归属感”“安全感”的同时，一旦整个群体的结构功能发生变革或群体制度的变动危及这种非正式群体的存在，其成员便会一致抵制这种变革，从而阻碍群体改革的进程。

不仅如此，一般情况下组织中的这类群体不允许有表现不同的成员出现。一旦出现这类成员，非正式群体会将其视为背叛者，疏远并孤立这个成员，直至将之排斥出群体，而这种行为本身将影响到整个群体机能的正常运行。

在消极性方面，我们能想到的还包括：非正式群体成员间交往十分频繁，信息传递非常快捷，但易于导致小团体主义，对群体内的信息传递、人际交往、功能运作等往往产生阻碍甚至扭曲的反作用。

非正式群体无法彻底根除，也并非所有的企业内部的非正式群体都会阻碍发展，事实上我们也观察到积极型的非正式群体。因此，企业管理者所能做的就是强化正式组织，对非正式的群体进行正确、合理的管理和引导，这也是群体管理获得成功的重要前提。

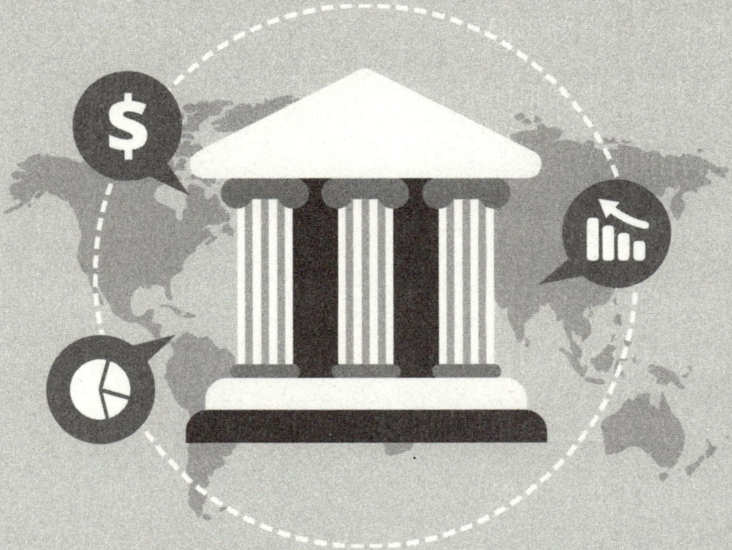

第九章　团队合作与新型管理者

一位澳大利亚的著名医生来信表示，大学里对现代世界人与人的关系进行的密切研究是令人满意的。这封信还说：“除了对于如何和平友好地生活之外，科学使我们对所有事物的认识有了极大发展。”近年来，在技术上的发展是惊人的，比如航空、雷达、青霉素等，但同时，我们应该对社会关系上的无能为力感到惭愧。现在远隔万里的人们可以摆脱电线的限制互相通话。20 年前需要 3 个星期的路程，比如从旧金山到澳大利亚的悉尼，现在只需几天就可以到达。肺炎和某些其他疾病，几年前还是无法医治的绝症，现在却已经完全不用担心了。

我相信我在现代工业的人事问题和社会问题上所提供的一些事例足以表明这些问题在现实生活中的概况。我的同事和后继者将对此不断加以纠正和发展。我们在所选择的旅程上并未走得太远，但有时对一个看似十分简单的事件的深入观察的重要性远远超过思想上的启发。我们已经走过了近两个世纪的现代文明，但是在人们合作能力上却一点没有扩大和发展，在堂而皇之地发展物质科学的名义下不知不觉地做了许多事情，损害着团体协作和处理人事能力的提高。这件事就是一个有力的例证。近乎疯狂地发展技术能力损害了人和人的关系，但是这却并没有完全挫伤人类要同他人在工作中融洽结合的愿望。我们拥有的证据[71]支持了菲吉斯的主张，这个愿望是深入人性的，

[71] 参见梅奥和隆巴德的《加利福尼亚南部航空工业中的团体协作和劳工转业》，第 28 页。——译者注

发自本能的，而且一定会千方百计地找到它表达的方式。但是，当下大多数人正在把精力全部放在使高度的物质享受标准惠及最低层级的公民，却完全不能保证每一个人能热烈地和发自内心地参与团队的努力。我们高度的技术文明，对于促进必需的合作态度的方法还是一无所知。相反地，工业却总是常常使人们的心灵充满烦恼、怀疑、敌视和仇恨。

我上文引用过道逊的话：现代机械文明的日益复杂要求有一个相应复杂的组织，而这个组织的复杂性，不能仅仅局限于物质要素的方面。我们必须承认，总体上看，我们现在尚不具备创造一个复杂程度更高的组织的能力。一个企业家可以很容易地假定物质因素和技术因素具有绝对优势的重要性，而忽略或轻视工人们积极和自发参加这种努力的需要。但是事实却是，一个工业组织越是庞大，对技术上的依赖就越少，这个团体每一个成员自发参与，人际关系上合作的依赖程度就越大。

罗特利斯伯格则这样认为：我们现在的工业文明是在浪费它生存所依托的资本。这笔资本，就是多少世纪以来所形成的生活方式遗留给我们的人类的善意和自制。他在《哈佛商业评论》新近发表的一篇论文里指出，在我们所研究的工业情况里，我们常在低层的行政管理机构里找到“非常善于合作的人”，但是这些人在行政管理上的重要性却“很少被承认”。这种人的“很大一部分”依然留在管理机构的底层，因为目前企业管理的普遍理念是更重视技术上的胜任，而在人事处理上的能手却得不到承认和提升。他主张，正是因为有这些人的存在，“现代技术的无缰之马才不会使他们陷入倾覆和灭亡”。但是这些人不受注意，得不到相应的报酬，这种人才转业后也得不到及时的补充。目前还没有一个大学注意到这样的事实，物质供应仅仅是文明的责任之一，文明还有责任要维持合作的生活。可以说，这两项责任在任何时代的任何社会中，哪一项受到忽视，哪一项也就变得相对更加重要。我们现在面临的情况就是这样的，我们关于文明的理论也是出于这种假定——既要保持技术和物质的进步，更要重视人与人的合作。工作中的士气保持，总是被说成是无足轻重、不可捉摸的，这种说法助长了一些荒谬的意见，即认为工程师、经济学家和大学的学者不应该关注和研究这样一些事务，但是我所提出的事例与此观点正好相反。事实证明，对合作士气进行的理性鼓励和发展（不是用感情而是理智）已经在费城、霍桑的实验室、丙公司、加利福尼亚的带头工人的工作中发生了一种可以明确衡量的重大改变。他们增加了生产，减少了浪费，大大降低了缺勤率和转业率。事实上，那些认为这类事务没有太大用处的人们，错过了他们能够系统改进一个工作部门的合作士气的方法，而且每次听到这是行政管理者必需的任务时就心感厌恶。这类人依靠一种毫无根基的自负，或者一时激昂的心情，或者一些拙劣的小技巧，例如见到每一个人时说一声“早安”等。正是这类人顽固地表示瞧不起运用和发展“感情”的方法。在我们看来，他们用这些拙劣的办法来代替理智的调查和了解，简直是一个滑稽的喜剧。可是，20世纪的文明令人失望地并未展现出比这个情景更加美好的局面，喜剧的因素就变成了悲剧。我们拥有的时间并不多，我们已经看到国际社会已分裂成许多前所未有的、互相为敌的团体，非理性的仇恨正在快步蚕食着合作的精神。从历史上看，这个局面是许许多多有活力的文化即将崩溃的前兆。如果我们不把这个问题立刻明确地提出来，并加以解决，努力造就一个比现存公共生活、个人生活和学术生活更加优异的社会上层的话，文明的命运将跌入深渊。社会生活从某种程度上来说类似于生物现象，即当一个生物体成长到了一定阶段，就开始了病态的生长。类似地，当正常的社会关系濒临解体时，从友谊和宽容到怀疑和仇恨，也就只有一步之遥。

希耳博士并不是唯一对我们的现状和前途忧虑重重的学者。过去五六年的时间里，一个关于科学、哲学和宗教的会议每年9月都在纽约召开。这个会议是由牧师芬克尔斯坦博士在许多美国学术界的名人的积极协助下组织的。会议曾经讨论过“团体紧张状态”这个题目，也就是我们经常看到的社会上不同的团体之间日益增长的敌视和仇恨。今年这个会议讨论的题目，将是制止这种迅速将人类引向灾难的方法和可能性。这种讨论是非常必要的，也是非常有意义的。但是在日内瓦所遇到的困难却又一次发生了。那些对于上面所说的第三个步骤，即明确表达成熟处理事务的逻辑含义的能力，让训练有素的科学家和哲学家对事实的第一手资料引起足够的重视，也没有提升他们处理事物的本领。包括行政管理者在内的其他管理者也许具备一些基本的处理事物的能力，但却普遍缺乏将他们行使的本领，做出清晰的逻辑表达，以至于使得他们处于不利地位。我们没有训练学生怎样去研究社会情况，我们一直怀着这样的想法，在一个现代的和机械进步的时代，有了第一流的技术训练就足够了。结果是，我们的技术超越了历史上任何一个时代，但与此极不相符的是我们的社会能力正趋于完全的无能。

这个教育和行政管理上的缺点，近年来已深深威胁到整个文明的进步。因为，正如同人合作的意志是发自本能的，对异族或其他团体产生恐惧和仇恨也是人性的。我在另一处引用过拉德克利夫-布朗在澳大利亚西部部落进行人类学研究的结论，当他和跟随他的人一起接近一个土著的营帐时，这个部落里有一位老者站出来，极为详细地盘问那个人的家世。只有证明这个人同这个部落有着亲属关系，他才被允许进入这个营帐。否则，他不但不会被允许进入营帐，而且生命也会面临危险[72]。这是一切部落原始的行为。“非我族类，其心必异”。我们仿佛天然地对非合作关系的团体成员抱有怀疑和猜忌的心理，进而

[72]　参见拉德克利夫－布朗的《澳大利亚西部的部落》，《人类学学会杂志》，1913年，第152页。——原注

演变成敌视和仇恨。

我们不需要详细研究人类行为本质也可以证实这一点，因为在我们日常的经验里到处存在着这种事例。孩子们的游戏场，工业里的车间、教堂，都有鲜活的案例使每个读者对此表示赞同。在加利福尼亚的研究里，带头工人的团体所凝聚的那种合作精神同时就必然带有对其他工人和团体的怀疑和敌对的态度。这个团体是以“不同人来往”著称的。外界的混乱不但加强了这个团体的士气和力量，而且加深了它与众不同的标志。战时的加利福尼亚虽然是一个极端的例子，但是足以提供这种人类社会问题的例证，这种例证在未来千变万化的社会里会反复出现，必须借助行政管理的合理手段加以处理。在我们早年的社会里，民族团体或地方团体之间比较容易发生冲突，这些相对比较不难处理。但是在现代技术文明里，这种潜在的敌视却渗入了社会本身，需要用明智的方法，不能单靠传统的和例行的处理手段。而在当下，管理者本身常常成为一个对这种感情的顽固怀疑者和坚定的反对者。

现代文明急需一种新型的管理者，他要能够置身于他所处的环境和浸淫的形势之外。将来的管理者一定要能实事求是地、深入地理解人性和社会上的种种事实，而不受他自己的感情和偏见的制约。他必须经过细致而系统地训练，才能获得这项本领。这项训练里，一定会包括有关熟练的技术、系统的工序和合作的组织等基础知识。我在这本书里，从头到尾主张的第三项——合作，是现在和不久的将来最重要的一项。我的理由就是，今天在大学里、工厂里、政府里，它都被不合理地忽视了。

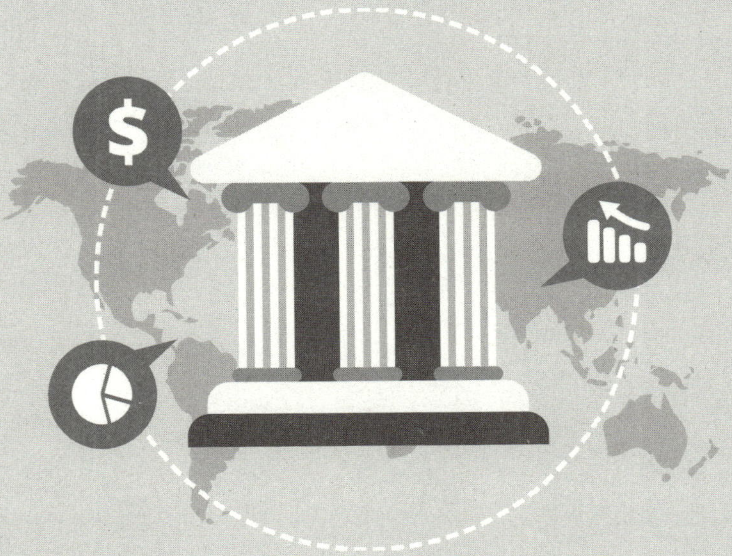

第十章　进步、效率与乌合之众的假设

一

近两个世纪以来，经济学研究被认为是能够有效促进人类文明的发展。而在某些特定领域，其具体的针对性研究，也的确满足了人类文明发展的需要。比如在成本会计[73]、贸易理论和大规模工业生产领域等方面的问题上，确实发挥出日益强大的作用。但是在这些领域中已经发展出来的，在实际中体现出价值的经济实践，却与这些古典的经济理论相距甚远。卡尔曾指出，近年来在经济理论和经济实践之间的慢性分离，已经较以往任何时刻都来得更为明显[74]。他描述，经济学研究为在经济实践高速行驶的列车里“无精打采、手足无措地提出抗议”。巴纳德[75]自己本身就是一个经验丰富的管理者，他认为在工业中有效的领导，也就是成功的管理，“必须以正确的直觉作为基础，尽管教条会否定它们的正确性。”[76]经济学理论和实践相分离，为我们提出了一个问题，就是经济学理论在其原始现场和实践中，是否契合于其研究的实施。科学源于现场，而发展于实验室。在现场中，研究者

[73] 成本会计是指为了求得产品的总成本和单位成本而核算全部生产费用的会计。成本会计的中心内容为成本核算。——译者注

[74] 参见卡尔的《和平的条件》(纽约，麦克米伦公司，1942 年版）第 79 页。——原注

[75] 切斯特·巴纳德（1886—1961)，美国著名管理学家，近代管理理论奠基人之一；代表作是 1938 出版的《经理人员的职能》，开创了组织管理理论研究，揭示了管理过程的基本原理，经后人进一步发展，形成管理学领域的组织管理流派，对当代管理学体系产生了重要影响。——译者注

[76] 参见巴纳德的《经理人员的职能》序言。——译者注

用极其简单的逻辑去考查复杂的事实；而在实验室中，从现场得来的专业技能则将复杂的事实抽象出来加以分别研究，一旦取得成果，就可以发展形成高级复杂的逻辑。这两种方式互补和发展——简单逻辑和复杂事实，简单事实和复杂逻辑。但即便实验方法采用了高级的研究技术来辅助临床观察，最终还是要由临床人员在科学方法和经验的指导下，综合琐碎复杂的资料，对特定病例进行诊疗。而经济学研究与其他人类研究一样，过于追求引入实验方法，却忽视了对实际经济领域各个方面不间断地进行详尽研究的必要。而这种现场和实验方法之间的关系，正是科学方法的关键所在。

大家有必要知道，对经济实践及其与社会政治的关系来说，自19世纪早期以来，实际的工业状况已经发生了巨变。卡尔在前文提到的书[77]中指出，在古典经济学家生存的时代，工业体系主要由小规模的工商业构成。其中所蕴含的意义是，整个竞争及价值学说是以其当时实际社会状况为基础的。我的一位已经去世的前同事，经常提起他早年在新英格兰的生活就是这样一种社会特征。他经常提起在五六十年前，英格兰的手工业作坊和工业都是规模很小的组织。它们也许能雇用到百十来人，但是在这种企业中，所有者很少能经营两代，至多不过三代。卡波特认为造成这种现象的原因，是创业者的经营管理能力

[77] 即卡尔的《和平的条件》。——译者注

通常不会传承超过两代。但是，他指出，这种企业的停业并不会引起所在区域的社会问题。因为当一个企业停业之后，当地的其他竞争者也随之发展起来，即使还没有将那些企业中的熟练技工雇用到自己企业，也已经开始有所准备了。因此，这样的一家企业即使关闭，也不会在当地引起失业扩大的社会问题。但是，在现代社会中就截然不同了。在20世纪30年代初的大萧条中，很多原来雇用有3万~4万名工人的制造业企业，遭遇了产品需求大量下降的情况。有些企业雇工数量降至1万人或者更少的水平。这并不意味着，企业主是不顾工人死活的硬心肠。在很多事例中，企业所有者致力于在其公司不至于造成经济危机的限度内，尽最大努力去保有更多的雇工，这一努力持续了数年之久。但是在当时的经济情势下，这样的努力是注定要失败的。在另外一些工业区，数月中，数以万计的工人不可避免地被“免除”了工作。诸如此类的情形，就无法与卡尔和卡波特所谓的19世纪所具有的特点相比了[78]。大城市的2~3个郊区，这些被解雇的2万~3万名雇工，毫无疑问成为社会的头等问题。19世纪的方法已经行不通了，因为这样的问题，显然无法用“个人主义”或者“良性的个人利益”方式来解决。卡波特习惯地说，不能寄希望有某一个企业在经营了两三年之

[78]　1837、1873和1893年衰退的详细考虑不在这个讨论的范围之内。但是，毫无疑问，一个合格的历史学家能够指出，在这期间失业的蔓延同当时已经日趋迅速的技术进步是相关的。——原注

后自然结束，由于我们已经改进了工业的组织方式，已经促使企业成了“不死的新物种”。当它遭遇危机之时，社会必须假以援手。

这些都表明，19世纪经济学理论所持有的主要假定已经无法立足。甚至在一个世纪之前，人们还会轻信个人追求自身利益是经济理论的基础，这一根本原则是合理的。目前还有经济学家和政治学家鼓吹这个假设，显而易见的是经济和政治实践已经建构在截然不同的社会概念之上。理论与实践的脱节，可能在某种程度上是现存政治——经济讨论中混乱的来源。当学院派的经济学家仍遵循着经济人假设[79]来作为发展其经济理论和见解时，管理人员却得益于处理人际关系的经验，将工作建立在与理论家相反的源于实践的假设之上。因此，在公众视野里，在经济学家自己的著作中，也引起了无尽的混乱。实践经济学家虽然立足很稳，但受制于现场经验的匮乏，难以与理论相联系。

我们现在所谈论的经济学理论，滥觞于重农学派思想[80]，其中具

[79] 经济人就是以完全追求物质利益为目的而进行经济活动的主体，人都希望以尽可能少的付出，获得最大限度的收获，并为此可不择手段。“经济人”意思为理性经济。这是古典管理理论对人的看法，即把人当作“经济动物”来看待，认为人的一切行为都是为了最大限度满足自己的私利，工作目的只是为了获得经济报酬。——译者注

[80] 重农学派以自然秩序为最高信条，视农业为财富的唯一来源和社会一切收入的基础，认为保障财产权利和个人经济自由是社会繁荣的必要因素。——译者注

有代表性的是曾任法皇路易十四医生的魁奈[81]在1758年出版的著作《经济表》。吉德指出，不久之后就有一批名望之士成为魁奈的信徒，并使用重农学派经济学家这个称谓[82]。魁奈在经济研究中引入了两个新的观点：一是重农轻商，这个观念很快就被抛弃了；二是"人类社会自发秩序"的概念。这也是重农学派的基础概念，他们认为人类一定要学会顺应自然，尤其是顺应人性来生活，政府必须放弃法律制度的繁文缛节。他们必须学习顺应事物本质自由发展的生存——"Laisser Faire"[83]，自由放任。重农学派为英国经济学中的所谓自由主义学派，亦称曼彻斯特学派所继承发扬。在相当长的时期内，重农学派的概念，"Laisser Faire"，自由放任，竟然成为格言。吉德指出该自由主义学派有以下三个基本原则。

（1）人类社会在自然法则的管辖之下，我们无须对此有所改变，即便我们想要这样做也是徒劳的。而且，即便我们可以改变也毫无裨益，因为其本质就是完美的，或至少在我们可得到的部分中是最完美的。经济学家的职责就是揭示这些自然法则的运行，而个体和政府的

[81] 弗朗斯瓦·魁奈（1694—1774）是法国国王路易十四的宫廷医师，重农学派创始人，有时被称为近代第一个经济学家，因为他用抽象的图式提出了他对经济体系的分析，从而说明生产和消费过程中的商品流通。——译者注

[82] 参见吉德的《政治经济学原理》（伦敦，希思公司，1909年版）英文本（由费迪茨所译）第9页。——原注

[83] 法文，自由放任主义，特别指政府对商业的不干涉主义。——译者注

职责则是遵循自然法则来调节自身的行为。

（2）这些法则与人类自由并不矛盾，相反地，它们是社会中的个体，按照自己利益不受束缚的自由的行为，所产生的自发秩序关系的表现。如果能做到这样，这些外部看来相互对立的个人利益之间就产生了和谐关系。这种和谐正是事物发展的自发秩序，也强于任何人为设计的秩序。

（3）对于立法者而言，要想达到社会的有序发展，必须尽力促进个人主观能动性的发挥，并摒除阻碍这种发展的因素，消除个人的干扰。因此，政府的管理应该做到最大化的无为，发挥作用的方面应仅限于社会公共安全等必要的措施——概括来讲，就是“自由放任[84]”。

这些原则，简单地概括了19世纪政治经济思潮的背景。其中，对于人类合作的阐释至今仍具有值得称道的很重要的现实意义。“而阐释这一内容的自由放任主义的经济学家所遇到的主要困难，在于无法自如地阐述上述提及的第二个原则：也就是社会中的个体，按照自身利益不受束缚的自由行为，所产生的自发秩序关系。”

而卡尔也正确地找到了曼彻斯特学派发扬这一原则时的缺陷，他认为自利动机是该学派所阐明的经济学理论在逻辑上的第二步。按照

[84] 参见吉德的《政治经济学原理》，第24~25页。——原注

卡尔对自利动机概念的解释，过于偏重经济领域。而19世纪的经济学理论倾向于将企业组织的基础，建构在某些自利动机支配的经济人假设之上，从这方面说卡尔是正确的。卡尔之后，又表示这些原则确实在现实中发挥作用，是企业组织的现实基础。对此，我们不以为然，假使反过来说这些原则并没有发挥作用，可能更接近事实。

整个经济学理论基础偏颇的源头，一定要上溯到李嘉图[85]。他是将“社会中人与人之间自发秩序的关系”这一狭隘的概念，作为这门学科的抽象原则的始作俑者。而他个人的经历，也解释了他做如此设定的原因。

李嘉图的父亲在18世纪后期由荷兰来到了伦敦，设立了一个股票经纪事务所。李嘉图在14岁就开始在这个事务所工作，直到21岁与威金森小姐结婚后，他转为一名基督徒。婚后，他不得不离开一直工作的父亲的事务所。转而在乡间购置了一处产业，同妻子威金森一起定居生活。据其传记记载，他“专心于自己的科学探求”，也就是撰写他的经济学著作《政治经济学及赋税原理》。

李嘉图的经历，很容易说明他在讨论财政、税收和地租方面所体现的天赋，但是其在股票经纪事务所的7年从业经历，却不得不让我们

[85]　大卫·李嘉图（1772—1823），古典经济学理论的完成者，古典学派的最后一名代表，是最有影响力的古典经济学家之一，主要经济学代表作是1817年完成的《政治经济学及赋税原理》，书中阐述了他的税收理论。——译者注

对他“社会中人与人之间自发秩序的关系”这一假设的了解，抱以怀疑的态度。在股票经纪行业，对团体行为及团体内个人行为的体现可能是最低的。尽管如此，李嘉图对人类社会性质的假设，至今还不乏追随者。对于当代李嘉图派理论最清晰的阐述，莫过于《经济科学的性质和意义》[86]这篇文章。作者罗宾斯教授对这个论题的界定很清楚，“我们人类已经被驱离伊甸园，既没有不死之法，也没有完全满足欲望的终极方法。在任何时点，我们选择得到一样东西。相应地，一定得放弃另一样东西。而放弃的东西，恰恰是在其他场合中我们又不愿放弃的。对于满足我们无限欲望的方法的欠缺，是伴随我们生存始终的。”[87]他继续说，“于是就可以从此得出经济学共同的主题：人类活动为了克服稀缺性[88]时所采用的理论和方法。”这种抽象理论是完全符合理性的。前提是，必须从严谨的逻辑推理和实验证实所获得的。在研究过程中还要克服无关事件的干扰，无论这种干扰在其他方面是多

[86] 参见罗宾斯的《经济学的性质和意义》(伦敦，麦克米伦公司，1932年版)。——原注

[87] 参见罗宾斯的《经济学的性质和意义》(伦敦，麦克米伦公司，1932年版)第15页。——原注

[88] 稀缺很多时候指的并不是绝对数量的多少，而是指相对于人们无限多样、不断上升的需求来说，用以满足这些需求的有用资源总是相对不足的。简而言之，长时间的“供不应求”即为“稀缺”，而“稀缺”的最直接表现就是商品或人才的“价格的不断攀升”。稀缺是经济物品的显著特征之一。经济物品的稀缺并不意味着它是稀少的，而是指它不可以免费得到。要得到这样一种物品，必须自己生产或用其他经济品来加以交换。——译者注

么重要。不限于此，包括魁奈在其《经济表》、亚当·斯密在其《国富论》以及李嘉图在其《政治经济学及赋税原理》等著作中，都不同程度地包含这一抽象的概念。只要这种“人类活动为了克服稀缺性所采用的理论和方法”还是社会的一般特点，那么关于市场、供求、价格、边际生产及经济地租的研究，就是必要且将继续存在的。所以，经济学家对于任何涉及社会均衡理论的建树都是富有价值的，同时经济学也发展出很多有利于经济实践者从事其专业的技能。一般性的混淆并不只发生在经济学的抽象领域，也发生于同样致力于社会均衡研究，但又缺乏这种相应的普遍概念的社会科学领域中。经济学家并不仅仅要求我们接受这个世界“生存着的只是自利的经济人，或是追求享乐的机器。……经济分析的根本概念是相对价值尺度”。[89]

那么经济学假设得到满足的条件是什么呢？让我们回到李嘉图的观点，我们可以将他的研究和理论逻辑归于三个前提条件。他们分别是：

（1）自发社会是由一群无组织的个体所构成。

（2）每一个体行为的动机都是自我生存和自我利益。

（3）每一个体都尽全力围绕这个动机展开逻辑思考。

1.由一群无组织的个体构成的自发社会

[89] 参见罗宾斯的《经济学的性质和意义》（伦敦，麦克米伦公司，1932年版）第87页。——原注

在李嘉图所处的时代，霍布斯及更进一步的卢梭[90]的社会契约论等理论的影响仍然非常强。“社会契约论至今还在一些我们无法料及的领域发挥作用。这一理论将自然人的生活看作是孤独、贫困、肮脏、残暴和早夭的”。而从自然人转为社会人的过程中，就包括了对于自然欲望的谨慎限制，但是作为补偿，人类将获得社会合作所带来的一切利益。这一教条作为理性主义者对原始社会夸张的虚构，在李嘉图之后的时代被格林全面地批驳了[91]。而更近一些，现代人类学乡野研究的发展，彻底地摧毁了这一理论的立足点。但对于当时的李嘉图及其同时代的人而言，这个假定是显而易见且无须辩驳的。

并且，李嘉图的某些描述，还是可以适用于现在社会，甚至是适用于任何时代。我们假定极端事件，打破了一个社会团体赖以维持的合作体系。同时又没有天降圣人带领大家走出困境，那么社会将会分崩离析，作为自发秩序的个体，将回归到自我生存和自我利益的方向。这种假定，可能人为地夸大了经济学所关注的人类事物的某一方面。但是我们应该知道，我们的确会遇到生活必需品极端短缺的情况，这或许对我们而言是最常见，也是最严重的危机。因此现代人类

[90] 让－雅克·卢梭（1712—1778），法国伟大的启蒙思想家、文学家，是18世纪法国大革命的思想先驱，启蒙运动最卓越的代表人物之一；主要著作有《论人类不平等的起源和基础》《社会契约论》《爱弥儿》《忏悔录》等。——译者注

[91] 参见格林的《政治责任的原理演讲集》（伦敦，朗曼斯·格林公司，1911年版）。——原注

学的结论，并不能让我们完全地抛弃李嘉图的已有结论。

2.自我生存和自我利益的行为动机

我们对于短缺的假定，很清晰地支持和引出了对有限生存手段的竞争概念。这种竞争，可能非常容易出现在不存在私人关系的市场，以及对外贸易及交易所里。如果不存在社会组织去领导和配置生活必需品，那么李嘉图的经济逻辑中所得出的原则，就会派上用场。正如经济学家所指出的，社会解体及缺乏社会组织，是人类社会至关紧要的问题。这些问题，也是迫切需要我们这个时代所密切关注的。

3.每一个体为了这个动机进行逻辑思考

如果仅仅把这句话，解释成个体随心所欲就是合乎逻辑的，当然是不对的。但它并不完全是没有道理的，在其初始所规定的有限的范围内，这一假定还是正确有效的。换句话说，一个人的思想不会一直具有逻辑性，比如当他面临其思维习惯完全不同的紧急状况时，就会失去其逻辑性。因此，我们可以认为，人们系统思维能力的价值，主要体现在应对突发状况时的权变能力。

经院派心理学常常进行这样的表述：逻辑思维能力是成熟的人的一种持续性的功能，这种功能是由婴儿期的逻辑模糊不清的行为，发展到具有成熟的逻辑行为的过程。这种表述，似乎得到了皮阿吉特、克拉帕莱德等人的著作及李维布鲁尔关于原始人类的著述的佐证。只要我们细心留意工业现场或者诊所中的事实，我们马上就会发现，这种表述除了对于具有较高文化水平的成年人有一定的恭维作用之外，正确性很小。我们甚至可以进一步来断定，这种表述是完全错误的。这一点，我们有大量的工业研究的实例来证明。

在霍桑进行的第一期系列实验的最后部分，被我们称之为班克林威观察室[92]。在这个观察室里，工人工资的支付是以团队产量增加计划作为奖励来确定的，但是这个计划几乎完全没有效果，工人的工作量是按照团队认定的一天的工作量标准来进行的。因此，只要一个人的工作量超过了这一标准，则这个人明显地被大家所排挤。产量也不是按照一定测试所规定的个人的工作能力来规定的。“在这个观察室里，产量最低的工人的智商是第一位、技术是第三位的。而产量最高的工人，技术是第七位，智商却是最低的。”[93]这个观察现象并不是孤立的。马修逊在其更为广阔的工业研究里，也同样证实了这一现象[94]。戈尔登和鲁顿伯格对于这种特殊情况进行了详尽的讨论，按照他们的意见，工会主义能就这个“无组织”工业的这种情况，做出补救措施[95]。这至少可以清晰地表明，经济学家所采用的自利动机和逻辑思

[92] 参见罗特利斯伯格和迪克森合著的《经营管理和工人》(哈佛大学出版社，1939 年剑桥版）第 4 编。——原注

[93] 参见罗特利斯伯格的《经营管理和士气》第 82 页。——原注

[94] 参见马修逊的《没有组织的工人中的产量的限制》(纽约，维金出版社，1931 年版)。——原注

[95] 参见戈尔登和鲁顿伯格的《工业民主的动态》(纽约及伦敦，哈普尔兄弟出版社，1942 年版)。——原注

考，并不能完全描述工业领域的现实。工人间良好人际关系的需求，也就是我们所说的人类交往本能，轻易就盖过了自利动机和逻辑思考的窠臼，而又有多少虚假的管理原则是假此之名？

我们上一章所论及的很多事实，也确实支持了这种意见。我们在上一章就已经指出，只有那些无法拥有正常的人际交往能力的学生，才会过于关注社会中的个人处境。导致了其过度地使用了逻辑思考能力，而不是利用在社会交往中所发展出的人际关系能力来做决策。这些人由于缺乏对社会团体所需知识的了解，因此每一种正常的社会情境，对于他们而言都变成了如临大敌的危机。从这种意义上来讲，经济学家对于逻辑的功能，在于应对危机状况的争论是正确的。但是这也正是经济学理论的不幸之处，这一理论的适用范围是社会关系能力常态水平之下的个体，而不是常态水平以上的个体。因此我们是否需要下一个结论，经济学的研究范畴是非常态的人类行为，或者经济学的研究范畴是对于常态下非常态人类行为的研究？这个问题是不能轻易忽略的。而这一结论中的常态一词的意义，也不能误解。它的意义单纯，指向也很清晰。如果我们更加细心地继续观察工业中的工人和大学中的学生，我们就会发现，这种受处心积虑的逻辑思维所得出的自利动机所驱使的人的比例，是十分有限的。他们退缩到自利动机的时点，往往是在为社会发展变革所抛弃之时。这个问题也包含了更深层的含义，严格来说，经济学不仅是研究人类在解决稀缺资源时所采取的方法，还应该兼顾另一个方面，也就是如何处理社会关系解体的情况。

如此说来，我们在应用所谓的经济规律之前，就必须设定国际和国内处于广泛的社会解体和组织缺乏状态。换言之，经济学研究已经将我们搞得晕头转向。我们所进行的是一项包罗万象的病理学研究，而不是生理学研究，是一种对于非常态的社会决定因素的研究，却不包含对于常态的社会决定因素的研究。罗宾斯在其文章的最后几段里，已经说明了这个事实。他在“关于经济规律和其同经济实践的关系”一章中指出，经济学理论的前提假设演绎的结果，并不能证明“鱼子酱是一种经济商品，而腐肉是一种无用的废物[96]”这种说法是正确的。他认为，如果从科学的经济学观念来看，这一陈述一方面取决于“个人的价值评估”，另一方面则取决于“现有的技术水平”。他也确定地指出，这两方面的条件都是“在经济学范畴之外的”。

虽然这种看法略显激进，即使不去怀疑他所论述的内容是否符合他的理论假设，现有的事实证据就已经可以否定这种个人价值评估，是实际决定因素的观点。除非我们能接受李嘉图关于“人类是由一群自利驱动的无组织的个体所构成”的假设。这篇文章整体上证实了，虽然经济学家声称其研究具有重要的现实意义，但经济研究的“正当

---

[96] 参见罗宾斯的《经济科学的性质和意义》第 98 页。——译者注

范畴”被其假设过度限制，导致了其不能作为工业研究或者经济规划充足的理论基础。也就是说，社会解体的病理学研究，需要辅以对社会组织的直接观察。直到这种观察研究得到了很好的发展，那些“无缘由地假设人类的价值评估能够实现统一”的论述，就会被社会现实的观察所否定，也推翻了所得出的将人类看作是一群乌合之众的假设推论。

虽然变化的因素多种多样，相互间的联系也错综复杂，但是这种社会是乌合之众假设的推论是无论如何也站不住脚的。

二

几个世纪以来，这种对于社会是一群乌合之众组成的假设，在不同程度上误导了我们处理法律、政府和经济方面事务的思想。由之引申出，这样的乌合之众组成的社会更加需要一个强力国家的理念，一个利维坦的巨物，或赋予国家行使权力，将其秩序强加给一群乌合之众。因此，我们很难分辨当代社会的很多自由主义政治家和律师们表述的教条，与希特勒和墨索里尼的独裁指令间的区别。这两者间区别的关键，似乎不在于逻辑差别，而仅仅在于自由主义政权，较之纳粹德国的国家社会主义政权，在更大程度上保证了对言论和行动上有更大程度上的自由。

历史学家更为清楚，这一理论可以追根溯源到查士丁尼时代[97]的拜占庭（东罗马）帝国，教皇英诺森四世[98]和中世纪时代。

……在封建主义下的无政府状态的危险使得人民群众忽视了专制的危险。……

……霍布斯的巨大的利维坦，宗教专家的全权、神秘的权威、奥斯丁的国家主权，都是同一种概念的不同称谓——即由国家集权这一概念所衍生出来的立法者具有不受限制的无上威权。至于处于目前考虑中的是教会还是国家，则是无关宏旨的。……

但是这种说法，对于有组织社会现实的描述，却完全是站不住脚的。

……我们的世界实际存在的并不是一方面是国家，另一方面是一群毫无联系的乌合之众，而是广泛复杂地聚集在一起的诸多联合。只有在社会中，才存在个人、家庭、俱乐部、工会、大学、职业等概念……

……建立关于政府和法律理论的基本准则是，不要以逻辑统一的抽象

[97] 查士丁尼（483—565），拜占庭帝国皇帝。他在位期间东征西讨，花了20年的时间打败波斯帝国，击溃汪达尔族，从哥特人手中收复了意大利、北非和西班牙的一部分，地中海再次成为罗马的内湖；在国内，他镇压平民起义，反对政府里的腐败作风，鼓励发展商业、工业，着手大兴土木，建筑城堡、修道院和教堂。——译者注

[98] 英诺森四世，原名西尼巴尔多·菲斯奇，罗马第180位教皇，1243—1254年在位。终其任期都在与神圣罗马帝国腓特烈二世及其后继者斗争，以解除该帝国对罗马教皇国的包围形势，但未能成功。——译者注

教条为基础，而是要以鲜活的社会生活现实作为基础来进行观察，尽力记录我们文明社会的本来面貌。什么是我们见到的事实呢？绝不是如沙粒般堆积起来的个体集合，毫无差异，除了隶属于国家之外，彼此之间根本毫无共同点和联系，而是团体、家庭、学校、市镇、州县、工会，教会等从下而上的一个系统。……

……实际而言，孤立的个体的概念，只是存在于梦境的泡影。……而在现实世界中，真正孤立的个人是不存在的，一个人从一开始就是某一集体的成员……他的人格只有在社会中才会得以发展，他总是非此即彼地体现着社会制度的映射。我并不是抹杀个体生活的特性，这一个性只能在社会的共性中才能得以发挥作用[99]。

菲吉斯不仅是一位杰出的历史学家，同时也是一位为公众服务的宗教社团的成员。历史学素养给予他看待问题的远见卓识，而其日常研究的经验，也给他提供了论述和著说的材料。我们通过他的所有著作，可以看出他所具有的深刻洞见以及仁慈之心，对1914年之前的世界抱有深刻的关怀；我们确实可以说，他已经对于那个致命年代以来我们所处的艰难时世，做出了准确的预言。我们同时也看到，他身上所具备的单纯却又能有效地处理好人际关系的能力，再加上他渊博的

[99]　参见菲吉斯的《现代国家里的教会》，上述引语均出自第 2 讲。——原注

学识，这一切都使他能够运用其知识为其工作及日常生活服务。上述菲吉斯的引述，表明了他的确是在针对其所生活的实际社会进行论述，而不仅仅是一个李嘉图式的令人怀疑的价值假定。他更关注现实社会，而不是由一个存疑的假设所推导出的结论。

对于持有乌合之众假设的人们，还有一点必须强调，几乎可以肯定的是他们属于同实际社会相隔甚远的那类人——学者、作家和律师。更进一步可以确定的是，那些对李嘉图的假设鼓吹得最厉害的、将他们自己的假定等同于社会现实的人，就是那些法律、政府和哲学领域的学者。他们很少（如果确实有的话）对其同胞的生活、工作和福祉担负自己应尽的职责。他们仅仅具有很少的、对社会实践经验得出的知识，他们也基本不具备处理人际关系的能力，这也导致了他们无视社会组织的很多事实，以及这些事实对那些真正指导别人的人的重要性。最近出版的一本书[100]可能是多年来研究政府和行政方面最为重要的著作，尽管这本书并不类属于这一情况。而这样付出艰辛却富有意义的研究，被教授政治学的学院所忽视也不足为奇。

巴纳德是新泽西贝尔电话公司的总经理，他从基层层层晋升的经历，可以使他不仅具有源于人们合作体系经验的知识，而且也具备了处理纷繁复杂的组织问题的丰富经验。他的这部著作，证明他同样具

---

[100] 即巴纳德的《经理人员的职能》。——译者注

备卓越的远见和逻辑思维能力。用亨德森所提出的在诸如此类的研究领域中担任领导所必需的三个条件作为标准来衡量，他比任何我之前提及的作者都更为出色。他必须具备的条件如下：

第一，对事物惯有直觉上的亲近；第二，系统的知识；第三，有效的思维方法。

巴纳德在此书的序言中简要地提及，他原本想通过博览群书来搜寻关于人类组织普遍特点的合理描述，但是现实让他失望了。他并没有在任何论著中找到关于日常管理工作中所熟知的组织类型的论述。不仅如此，一些所谓讨论这一主题的论著，实际上对这种管理实践的现实状况也一无所知。

……我所了解的社会科学研究者们，都在刚刚触碰到我所从事管理工作的社会组织的边界时就退却了，无论他们从任何方面去接触。在我看来，他们几乎并没有察觉那些处于他们所描述现象之下的调整和决策的过程……

更有甚者，这些作者对于社会组织是社会的主要结构这一前提的极端重要性根本不予承认。

……对风俗习惯、社会传统、政治结构、政治制度、态度、动机、癖好、本能等范畴有广泛的探讨，但是对社会研究的一般原则及与之相

关联的群众活动之间的联系桥梁却并未包含在内……[101]

巴纳德随后指出，那些思想史上冗长的国家和教会部分妨碍了对真正构成人们合作现实问题的调查研究。近几个世纪以来，法学家、宗教学家、历史学家、政治学家一直忙于讨论权威的来源和性质问题。有一位有名的当代历史学家说，欧洲文明是罗马帝国和教会对氏族如法兰克人[102]、撒克逊人、凯尔特人[103]和其他部落组织所起作用的一个产品[104]。无论我们考察代表拜占庭和罗马帝国的查士丁尼，还是代表教廷的教皇英诺森四世，可以发现两者都认为最高的权威是任何正式组织的起源和基础。在他们看来，任何人类社会的组织，包括城市、大学、商业机构、军队等组织的权威，都被认为是从一个高级的和统一的权威中得来的。从权威的角度来看，一切“人格”都是虚拟和衍生出来的。正如更早期的菲吉斯所指出的，巴纳德也持同样的观点，这一切仍然是现在法律理论的基础，但这样的基础并不符合现

[101] 参见巴纳德的《经理人员的的职能》序言。——译者注

[102] 法兰克人是5世纪时入侵西罗马帝国的日耳曼民族的一支。他们统治现为法国和德国的地区，建立了中世纪初西欧最大的基督教王国。——译者注

[103] 凯尔特人为公元前2000年活动在中欧的一些民族的总称，这些民族有着共同的文化和语言特质；主要分布在当时的高卢、北意大利（山南高卢）、西班牙、不列颠与爱尔兰，与日耳曼人并称为蛮族。现代的凯尔特人，仍坚持使用他们自己的语言，并以自己的凯尔特人血统而自豪。——译者注

[104] 参见道逊的《欧洲的形成》（伦敦，希德·沃德书店，1932年版）第67页。——原注

今民主政府所建立在自发合作基础上的理论现实，同时还会阻碍我们对社会组织的现实状况的调查研究，阻碍我们对社会组织的进一步了解。此外，即使将法学家所持的法律理论持续不断地应用于司法审判的过程中，也完全无法解释这一组织运行的事实。这种历史上延续的对权威起源和性质的争论，让法学家和宗教学者产生了一些虚幻的知识，事实上也阻碍了实际的调查研究。

在提出的权威问题引起学术界的轩然大波之后，巴纳德继而提出“古典经济理论的假设容易引起对人类行为中经济性方面的过度夸大”这一问题。“斯密及其信徒们的理论，使他们渐渐减弱了对社会实践具体研究的兴趣，但他们所关注的经济因素却只是这一具体过程中的一方面，因此巴纳德认为这些经济学家过于偏重经济利益[105]。而这又与在决定行为中强调的“理智的过程比感情及生理过程”更为重要的错误相吻合。其结果就是在很多人的思想里，人的属性仍然是具有一些非经济属性的经济人。而巴纳德却举出在其管理组织中的一个反例：

……虽然我早就知道如何在组织里有效地与别人交往，但直到我将经济理论和经济利益降为次要地位后，我才开始真正了解组织和组织行

[105]　参见巴纳德的《经理人员的职能》序言。——译者注

为，尽管这些经济因素都是不可或缺的……

这也再次说明了经验产生的真知，与通过持续细致的工作产生的直觉，比独立于高度专业技能和责任控制的逻辑推理更为可靠。

巴纳德对组织中实际权威的论述，最清晰地表明了实际知识与逻辑推理之间的区别。厄勒布或西内秘密山顶上的巨雷和闪电已一去不复返了，哲学意义上的统一和连续性讨论也将不复存在。权威就是为了方便在逻辑推理上解释表面现象而虚构的概念。如果我们勾画出一幅上下通达的组织结构图，那么权威的执行者就会被安置在命令链传达的重要位置。而这个执行者的任务是促进组织各个构成部分的平衡，从而使组织的目的及使命，能够快速且便捷地得以实现。如果他不能胜任这一角色，那么无论他具有多高的职衔，在组织里也不会具有实际的权威。我们对权威的大致定义是：一个正式组织的信息发布者和命令下达者，他依靠组织成员对其角色的接受和执行来达到目的……在这一定义里，命令的权威取决于命令发表的对象，而不是“当权者”或者“发号施令者”[106]。巴纳德也慎重地说明了一个“并不重要的区域”，也就是说并不是每一次发布的命令，对维持权威都至关重要，抛开这层含义，个人服从命令的

---

[106] 参见巴纳德的《经理人员的职能》。——译者注

程度来决定组织效率的说法是大致正确的。所以权威一方面取决于个人合作态度，另一方面取决于组织的命令传递系统。因此，在实际中，权威执行时要求具有很高的远见卓识和指导。由于权威必须依赖别人的合作，因此人际交往、合作能力和专业技能在其中是同等重要的。在经济学理论的误导下，我们在青年培训体系中安排了专业技能方面的位置，但我们对社会发展所必需的人际关系能力的培养却并没有所作为。我们的教育体系实际上是在阻碍这一社会能力的发展。

为数众多的公众、商界领袖级的政治精英中都存在着这样一种思想——人类是由一群乌合之众所构成的，因此对这些人必须从外部强加给其秩序。也正是这个谬论，激励了希特勒的纳粹之梦。

三

在上文提及的一本著作中，作者道逊将欧洲文明的形成归结于罗马帝国和中世纪教会对那些欧洲未开化部落中人们的开化。这个开化并不是单向的，欧洲人自身也有决定是否接受更高文明开化的权利，道逊也声称正是这一认知造就了19世纪民族主义的浪潮。在更高文明和未开化人民之间，权威及其执行一直是争论的焦点。“未开化社会的实质在于其建立的基础是血缘关系，而开化社会则是建立在公民原则或者绝对主义国家权威的基础之上。”[107]凯尔特人和日耳曼人的社会组织是典型的部落，“建立在血缘关系上的社会组织，例如氏族”。这种被称为原始社会性质的社会组织，却保有很多更高文明社会所不具备的品质。在这一社会中，成员只忠实于自己所属的社团，每一个成员在其社会活动的合作中都是自发的和真心真意的。罗马国家的传统，是建立在逻辑清晰、表述明确的帝国权威基础上的；而部落氏族的传统，却是非逻辑、非形式化的，它建立的基础是部落成员的自发的合作态度。

詹克斯在其1897年完成的著作中指出，文明的发展迫使国家接替氏族的组织作用。“氏族存在于国家产生之前。但是这两个阶段之间的关系却经常被误解”[108]，他还进一步指出，国家不应仅仅被看作是扩大的氏族。他指出：“国家和氏族之间的原则是完全不同的。国家的兴起就意味着氏族的衰败”，社会组织变革的先决条件是由军事需要而产生的，也就是说，是在紧急状态下产生的。“那些涌入罗马帝国和不列颠王国的大军，都是氏族的联盟”。在塔西佗[109]时代之后约

[107] 参见道逊的《欧洲的形成》第68页。——原注

[108] 参见詹克斯的《中世纪的法律和政治》(伦敦，约翰墨莱书店，1913年)第2版。——原注

[109] 普布里乌斯·克奈里乌斯·塔西佗（约55—120）是古代罗马最伟大的历史学家之一，他继承并发展了李维的史学传统和成就，在罗马史学上的地位犹如修昔底德在希腊史学上的地位。——译者注

3个世纪，那些最负盛名的古老氏族要么消失了，要么被更大的组织所消灭。而取而代之的新组织都是军事性的，我们在他们的称谓中可以看出来，如法兰克战士、撒克逊刀客、阿拉曼异族等。这种新的组织机体并不仅仅是旧的组织的简单扩大，它是建立在完全不同的原则之上。[110]新组织的领袖不再是世袭制，而是按照自身的军事能力被选择出来的；社会组织的基础不再是血缘关系而是效率优先。但是这种选贤与能的制度比之前的贵族世袭血统，具有更为广泛的影响力。这可能就是氏族社会和国家制之间最关键的区别所在。詹克斯进一步阐明这个关键的区别是：“氏族是由团体构成的社会，而国家是由个体所构成的社会。”这个阐述在他的著述里被反复提及。也可以说，正是从这一论点中引发了他论述的主题——国家和氏族之间的互相仇视是必然的。

詹克斯的文章论点鲜明且清晰明了，也使这一主题更加引人入胜。国家和氏族的战争，确实是中世纪政治的主要特点。这种战争，也造就了中世纪时期的历史存在着奇异的二元性。这种矛盾，也使很多学者认为这个时代具有与众不同的魅力。国家起初是因为军事的需要而产生的，战争的需要促使新的战士部落结为联合体。一旦这一联合体得以建立，那必然要建立内部秩序和制度。因此作为这一联合体

[110] 参见詹克斯的《中世纪的法律和政治》第74页。——原注

的国家，必然逐步担任起“内部维持和平者、正义执行者、土地管理者”等职责。但是，这种逐渐建立的国家最高权威是有限制的。在封建时代，特别是在查理曼大帝之后的法兰克人时代，社会组织瓦解成为一些封地的联合体，而每个封地的内部组织结构与早期的部落制度是极其相似的，“在无政府状态的年头里，氏族压倒了国家。”[111]但是随着异教徒的入侵，氏族“内在的军事上的软弱性”及效率低下使得国家得以复兴，重新胜过了氏族制。因此，詹克斯将他所阐发的社会组织的斗争主题归结为国家的最后胜利。

国家和氏族之间的战争是旷日持久而且艰苦异常的。封建时代的产生，标志着第一回合战役的终结。总体看来，双方都没有获胜，而是产生了一种在国家和氏族之间妥协的分封制度，在分封制的组织形式中氏族的成分优于国家……然而双方又因10世纪和11世纪间国家的复兴而重燃战火。正如我们最终看到的，国家在新的战役中得到了全面的胜利。

毫无疑问，由于詹克斯的论述处于1897年的维多利亚时期的英国，他很容易就能断定这一战争已经被完全终结了。当时，无论是勒

[111] 参见詹克斯的《中世纪的法律和政治》第 84 页。——原注

普莱还是迪尔凯姆的警告，看起来都不过像地平线上隐存的雾霭。除此之外，詹克斯虽然是一位出色的历史学家，但他同时也带有律师的特质，更满足于结构清晰、逻辑严谨的阐释，并用此来取代事实。在他写这些文章后的半个世纪以来，我们已经了解社会问题的解决绝不像他说的这般简单，而菲吉斯和道逊、勒布莱和迪尔凯姆已指导我们对欧洲历史的现实，还要持更为审慎细致的批评态度。

然而詹克斯也并不是毫无疑虑的。在他论述的结论中，坦诚地提到："如果单纯地从效率角度而言，毫无疑问，国家制比氏族制更为健全"。但是"氏族制度源自人类最为本质的本能，因此也不能被完全轻忽"。正是这一疑虑，使他进一步得出了这样的结论："如果说氏族制的观念对效率的益处不大，那么至少有益于维持稳定。"实际上，抛开詹克斯的所有论述不谈，文明社会问题的本质不在于国家制和氏族制之间，以及效率主题与稳定主题谁最终获胜，而在于这两个制度怎样才能融合于现今这样一个复杂的社会模式之中。实际上这也正是巴纳德这本书所要论及的主题——理性认知与积极合作，对文明社会的秩序和活动具有同等重要的地位。

四

当巴纳德论及任何有目的的组织，必须能够既有效果（完成组织目标）又有效率（满足个人利益）[112]的时候，他实际上是在说明一个可以广泛地应用于整个社会范畴的大原则。任何社会团体组织一定要让其成员收获以下两点：第一，使其物质需要得到满足；第二，在不同的社会角色和任务中达成与他人的积极合作。这里，对要点的排列并不意味着谁先谁后，也不代表哪一个更为重要。实际上，它们处于同等重要的地位，而且是同时得以实现的。如果我们回顾一下原始社会的事实，我们可以这样假设。这两者中，第二点所论述的达成持续的积极合作的需要，显然对社会生活更为重要。我们可以看到，所有原始部落的仪式目的，基本上都是为了促进成员的和谐合作，也就是在工作中保持纪律性和团结性。对部落而言，显然潜意识里认为只要部落能够有效地合作，那么其物质方面的需求就可以得到满足。

没有组织也就不可能有合作存在。任何工业组织必须具有两方面属性：一方面是工作属性，必须遵循专业和高效的要求；另一方面是社会属性，也是很多人的一种生活方式，必须使高效的合作与和谐的生活方式并存。我们的文明，在工作属性上的专业技术提升取得了显著的成就，但在社会属性上却非常失败。这种情况造成了我们不仅不能有效地取得国内或者国际社会的持久合作，而且还深受这些具有相当大局限性的有限理论的限制，而这些理论往往把在社会属性上的失

[112] 参见巴纳德的《经理人员的职能》。——原注

败当成是文明的成就。我们的经济学理论，则将社会是由无组织乌合之众构成，并为稀缺的产品而进行竞争这一点视为自己的天然假设。而我们的政治学，则假定我们的社会是一个由绝对主义国家权威统治下的生活在一起的个体所构成的。这两个代表性理论，将所有对社会现实的研究都拒之门外，不予赞成。我们可以肯定，大学所进行的经济学和政治学研究，所耗费的时间精力不完全是浪费的。只要这些学科继续将其理论用于代替对社会现实的调查研究，那么还将使我们的社会继续残缺不全。

“国家并没有创造家庭，也没有创造教会，甚至在任何真实的意义上也不能说它曾经创造了俱乐部或工会；也不能说它在中世纪创造了行会或宗教的圣职，更难说它创造了大学或大学学院；所有这些都是从人类社会发展中产生的本能里产生出来的……”[113]菲吉斯继续论述，“我所想要表达的……是在说明这一问题：区分我们及对立一方的关键，在于原则问题而不是细节问题；所牵涉的原则……是关于人类组织的性质和由其发展出的国家的真正性质”。他接着指出，只要“国家是全能的这个教条还没有被克服”，那么自由制度就无法得到自由发展。而国家的真正作用则体现在其建构了一个“骨架，使人们不断发展出的社会本能能够在这个框架下得以发展”，他更加否认

[113] 参见菲吉斯的《现代国家里的教会》第 47 页。——原注

“一个全能的国家面对着同样一群虚妄的互无关联的个体”这一概念，并将之称为“科学怪兽”。

全能国家和无组织的个体的假设，已经被经济学、政治学和法学理论所蕴含并清晰地表述出来。结果是它为我们奉献了希特勒和墨索里尼，并且将整个民主政治的进程给搅乱了。

轴心国将建立在此假设上的法律和政治理论向前推进了一大步，冲破了其逻辑结论的束缚而进入了实际运用。这一切可能，中止了我们对主权国家的理论研究并引发我们的深思，可能更进一步地引发我们对一些人类社会现实的一些调查研究。如果还能说有些成就的话，也是因为民主政体里的人民默默地承担了对暴君、神权和绝对强权的抵制，才让民主政体在走向共和的道路上有了些许成就。从历史上来看，我们的祖先不止一次地抵制了强权的压迫，并不屈服于上方的权威，而是切实地以能够代表基层自由意愿的投票权作为其领导权威的唯一来源。也正是因此才保有了社会进步的可能性，也使民主历程不至于受到政治理论的蛊惑而误入歧途。代议制和定期选举的制度是推动发展的部分保证，但也只能是一部分。即使在民主政体中，我们也并未完全排除出现政治暴君的风险。巴特勒先生在其对一个山区向导的观察中指出：“我们已经推翻了贵族和教会的特权。接下来我们就要对政客们的权力开刀，而这必定是艰苦卓绝的战斗”[114]。仅仅具有民主的形式是完全不够的，我们还必须积极发展处理社会关系的远见和技能，才能让这副“骨架”有了生机。对于这一题目的最终讨论，必须留在最后部分。

[114]　参见巴特勒的《失去了的和平》（纽约，赫考特·布拉斯公司，1942年版）第89页。——原注

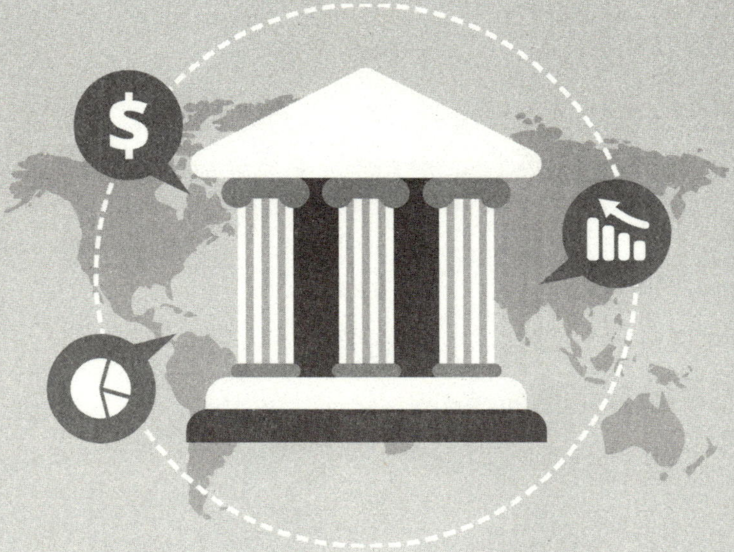

附录1　霍桑实验简要过程与结论

霍桑工厂属于美国西部电气公司，这是一个制造电话交换机的工厂，具有较完善的娱乐设施、医疗制度和养老金制度，但工人们仍愤愤不平，工作效率低下。为找出原因，1924年美国国家研究委员会组织研究小组开展实验研究，这次实验被称为“霍桑实验”。霍桑实验是心理学史上最为著名的实验之一，而霍桑实验的研究成果对于管理学而言更是具有划时代的意义——它使数亿工人第一次摆脱了“工作机器”的刻板定位，成了工作中的人。从1924年到1932年，霍桑实验持续了9年，实验主要分为四个阶段。

一、照明实验

本实验的目的是弄清照明强度对生产效率产生的影响。实验挑选了两组绕线工人，其中一组是实验组，一组是参照组。在实验过程中，实验组的照明强度不断增强，从24烛光到46烛光，最后增加到76烛光，在这一过程中，参照组的照明度始终保持不变。

研究者试图通过这一实验，来考察照明的变化对生产效率的影响。但是这次实验的结果是：当实验组照明度增大时，实验组和控制组都增产；当实验组照明度减弱时，两组依然都增产，甚至实验组的照明度减至0.06烛光时，其产量亦无明显下降；直至照明减至如月光一般朦胧时，产量才急剧降下来。

对这次实验结果的分析是：

1.工作场所的灯光照明会在一定程度上影响生产，但是影响力非常小，只是一种不太重要的因素。

2.由于实验过程中涉及的因素太多，有些因素变量太难以控制，对于实验结果的影响也无法评估，所以照明对工作效率的影响是无法测定出来的。

二、福利实验

梅奥教授参与了此次实验，为了能够找到更有效的影响员工积极性的因素，他选出了6名女工在单独的车间中从事装配继电器的工作。在实验过程中，梅奥不断地增加各项福利措施，例如缩短工作日、延长休息时间、免费提供工休茶点等。

这次实验是比较成功的，梅奥和同事对这次实验进行归纳总结，并提出一些假设作为分析的起点：

1.实验通过改进物质条件和工作方法提升了工作效率；

2.增加休息时间和缩短工作日使得工人的疲劳感减轻；

3.工间休息减轻了工作的单调性；

4.个人计件制促使工作效率大幅提高；

5.改变监督方式，使得人际关系得到改善，进而改变了工人的工作态度，并直接提高工作效率；

6.参加实验的光荣感，使得工人的效率提高。

三、访谈研究

本阶段实验以访谈为主要手段，研究者组织了与工人之间的广泛深入的交谈，访谈的最初目的是了解工人对工作环境的看法。但在访谈中发现，大多数工人都存在不满，这种不满大多来源于个人复杂的感情和情绪，比如当研究者提问预设的问题时，工人却更想就工作提纲以外的事情进行交谈，工人认为重要的事情并不是公司或调查者认为意义重大的那些事。访谈者了解到这一点，及时把访谈计划改为事先不规定内容，每次访谈的平均时间从半小时延长到一个小时，多听少说，详细记录工人的不满和意见。访谈计划持续了两年多，工人的产量大幅提高。

在访谈的发展过程中，研究人员对个人态度和情绪有了更深刻的了解，他们发现要使个人得到实质性的帮助，就必须理解他的环境、矛盾，并耐心听取他的心声，后来把这种方法称作“启发式访谈”。

四、群体实验

在本阶段实验中，梅奥和研究人员选择了14名男工人在单独的车间里从事绕线、焊接和检验工作，值得一提的是对实验组实行特殊的工人计件工资制度。

这次实验的结果同样有点出人意料。按照最初的设想，实行这套奖励办法之后，工人会更加努力工作，以便得到更多的报酬。但是在观察中，人们发现这个班组的工作效率只能算中等。原因是班组在事实上成了一个特殊的小群体，为了维护他们群体的利益，群体中每个人的日工作效率都差不多。这个班组内部还有一些规范，比如他们约定，谁也不能干得太多太快，这样会让其他人显得效率低下；同样地，谁也不能干得太少，这会影响全组的工作量。他们还相互约定，每个人都要为小团体的内部事务保密，不准向企业管理者告密。上述约定必须严格遵守，一旦有人违反这些规定，轻则挖苦谩骂，重则拳打脚踢。那么，在计件工资的前提下，他们为什么要有意识地降低工作效率呢？进一步调查发现，工人们是担心产量如果提高过多，企业管理者会改变现行奖励制度或裁减人员，使部分工人失业，当然也担心干得慢的伙伴会受到惩罚。

实验结果表明，为了维护团队内部的团结，工人甚至可以放弃物质利益的诱惑。这是一项超出预想的成果，研究人员由此提出“非正式群体”的概念，认为在正式的组织中存在着自发形成的非正式群体，这种群体有自己的特殊的行为规范，对人的行为起着调节和控制作用，内部协作关系也因此而加强。

梅奥教授根据霍桑实验的结果提出的“士气理论”，给现代企业经营管理以重大启示：

1.管理需要人文关怀，无法做到这一点，管理的消极和对立因素就永远不可能真正消除。

2.管理者应该是人际关系型的领导者，而不仅仅是规范的制定者和监督执行者，这就是为什么精神激励有时比物质激励更重要。

3.要提高执行力，就要正确协调企业中的非正式群体。非正式群体的广泛存在是一种社会关系使然，忽视和不了解这种基于人性和社会关系在企业组织中的必然存在，将导致管理的低效和失败。

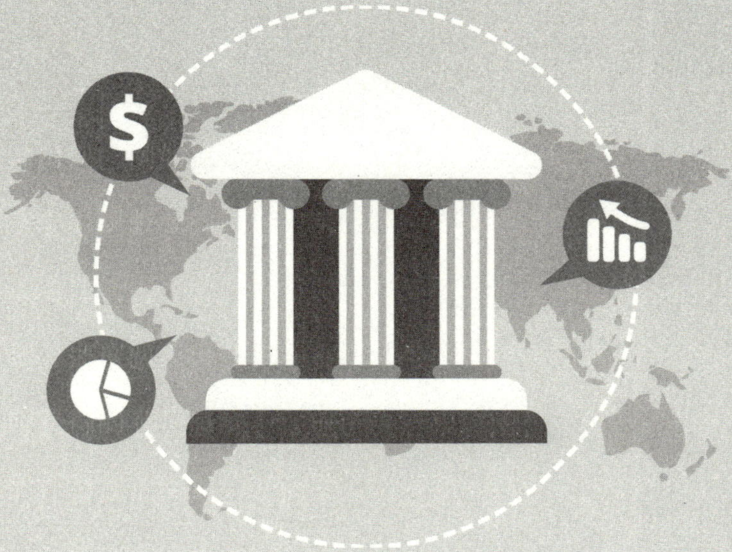

附录2　哈佛大学商业管理研究所工业研究部从1926年到1945年的研究工作

许多研究者可能会对工业研究部的主要研究工作感兴趣，这些研究工作由于种种原因并没有完全发表，主要因为我们不想略去与重要事情有关的某人或某个团体的名字，但我们当初说服他们参与这些研究时却约定他们的名字不会出现在报告中。时间过去很久了，我们收集的资料也更加广泛，这类问题就自然解决了。这里所列举的一些研究是准备出版面市的，今后还可能有其他一些研究出版。

工业研究部成立于1926年，当时哈佛大学得到了洛拉·斯佩尔曼·洛克菲勒基金（后来称为洛氏基金）的赞助，组建了一个专门的研究委员会（后来称为工业生理学委员会）去组织和指导对工业里的士气和疲劳以及对个人的工业效率的直接研究。我们一开始就明白这是两个截然不同却又密切关联的领域。一种是研究工作中的人体，这是可以在实验室的条件下进行的，研究的主要问题包括：在不同的温度、湿度等工作条件下，血液里所发生的生物化学上的变化等；另一种是研究在工厂里的工人和他们的工作，这是不能在严格的实验室里进行的。这里个别工人的"整体情况"，必须结合他所处的具体的物质和社会环境中去研究。这种研究采取现场观察的方法比采用严格的"实验室"方法更为合适。前一种研究由疲劳实验室负责，后一种研究则由工业研究部进行。

梅奥在这项工作开始时，对工业界的人的行为解释如下：

工业界常常有一些人，相信他所表达的一套经济学、政治学、效率心理学，是适用于他所研究的特殊问题的。所有这些逻辑必须暂时被搁置，因为这些固有的逻辑很可能影响实验的结论。实验中的任何事例必须研究它的特殊情况，不应有任何先入为主的见解。我们必须注意每一个事例所呈现的那些简单而明显的事实，因为简单而明显的事实牢固地存在于工业的知识里，以致它们非常容易被忽略[115]。

我们的这项研究工作，没有从已知的事实开始去发掘它们的用处，而是着手于发现人事情况里简单而明显的事实。这些简单而明显的事实包括生理的、个人的和社会的。疲劳实验室研究第一类的事实，工业研究部研究个人和社会的问题。

研究部的活动分为三个时期：第一个时期从1926年到1932年，是探索性研究时期。第二个时期从1932年到1936年，研究部成员主要的活动是在估计探索性研究时期的结果，通过更多的研究以试验新设定的假设，并表述这些研究在商业行政管理方面的含义。第三个时期大约从1936年开始，研究部成员开始比过去几年更着重于把研究中所发展的方法和观点传达给行政管理专业的学生。这三个时期的活动并不互相矛盾。第一期研究训练了研究工作者，而研究工作是在后期才进行的。但这三个时期中，研究部成员的活动重点各有侧重。这个区别反映了研究部怎样理解工业情况里的人们行动的问题的不同阶段。

[115] 参见《工业研究》,《哈佛大学商学院校友公报》第16卷第2期，1940年，第87页。——原注

早期探索性的研究（1926—1932）

最早的研究（下面的1和2），主要用来规定以后更长期和更深入的研究的需要。同时它们指出了以后几年里研究人员所遵循的三条主要的研究路线。

1.在一个工作场所里关于生理的、个人的和社会的因素的探索性研究。这项研究中的一部分，是关于工人受感情和集中注意的影响下能量消耗和生产数量之间的关系问题，结论已经发表在《工业卫生杂志》[116]刊载洛夫金所著的《工厂条件下人的效率的数量计算》一文里。

2.另一个早期的研究探索了多种形式的社团生活，对一个工作场所的关系。在一个大工业所在的小市镇里，生活着若干不同的种族的和阶级的团体成员，他们原先在地域上和社会生活上分隔在不同的住宅区里，而现在聚集到一个工厂里来做工。行政管理措施一开始没有注意到这些表面看来无关紧要的小问题，没有对此采取足够的措施。同样，一个措施在工厂里开始实施后，也常常逐渐影响到广大的社团。这项研究，部分地发表在《1928年的关于工业关系纪念沃撒姆的演讲集》[117]里。

---

[116] 参见《工业卫生杂志》第12卷第4期，1930年4月。——原注

[117] 参见梅奥的《产业工人的失调》，纪念沃撒姆的改进工业关系的研究奖金会出版的一本关于工业关系各方面的演讲中的一篇，（哈佛大学出版部，1929年剑桥版）第165、196页。——译者注

这些早期的研究，明确了一个组织里决定行动的因素包括：（1）个人；（2）合作或不合作的团体；（3）行政管理所用以促使行动的方法。这个问题的这些方面，在这一个相当长时期的研究里，得到了更为充分的探索。

3.商业管理研究所学生的个人适应问题的研究。这个研究在研究部进行研究的三个时期中一直在进行。我们一共访问了四百个学生。在早年，研究部中参与这个工作的成员倾注了很多时间，阅读和研究心理病态学和人类学的文献。他们研究了一个作家，并且把他们的理论，用于处理当前情况研究者的经验来加以论证。在这个过程中，不同的研究者提出了不同的结论。研究小组对所有的结论，都予以关注并进行彻底的讨论。

这项研究的结果，进一步支持了西方电气公司的研究结论。西方电气公司的研究报告见《经营管理和工人》[118]关于访问方法的一章。这一章实际上可以认为是由这两项研究所发展出来的方法论的报告。这些对学生的研究，探索了个人思想的结构以及它在共同目的下与其他人的合作能力。这些研究对于那些不易与别人合作的学生给予了特别的注意。合作要素的消极因素，帮助我们了解个人适应团体生活的性质。

[118] 参见罗特利斯伯格和油克森合著的《经营管理和工人》(哈佛大学出版部，1939年剑桥版）第8章。——原注

4.同西方电气公司合作进行的研究。这是研究部参与同其他机关合作研究的重要的一项。这项研究的很多结论已经适当地发表过，这里不再赘述。但有一点应当特别指出，即在开始时这个研究只是试图弄清楚物质环境，例如照明、休息时间等因素如何影响工人们在工作上的合作（早期试验室里的研究）。这些试验，引出了另一个容易变化的因素，如正被约束中的工人们对他们工作的态度，于是我们采用了访问的计划。这个计划和下面将要述及的一项研究，指出了应当在社会团体里去探索决定合作的因素：一方面是促成社会团结的因素，另一方面是促成社会解体的因素。在西方电气公司里，这一方面的研究称为班克·威林实验室。

5.上述研究，后来被称为“扬基城”的研究。这项研究成果发表在耶鲁大学出版部所出版的《扬基城丛书》的六册报告里[119]。这些研究主要集中在广义的现代社团里决定合作的因素。这些研究的观点用几句话就可以加以概括：“社会是一群互相影响的个人所形成的集团，因此，如果一个社会结构中任何关系受到刺激，它将影响所有其他部

[119] 华尔纳和伦特的《现代社团的社会生活》(《扬基城丛书》第2卷,1941年)；华尔纳和伦特的《现代社团的身分体系》(《扬基城丛书》第2卷，1942年)；华尔纳和斯罗尔的《美国种族集团的社会体系》(《扬基城丛书》第3卷，1945年)，华尔纳和娄的《现代工厂的社会体系》(《扬基城丛书》第4卷）在准备中，华尔纳的《美国的象征体系》(《扬基城丛书》第5卷）在准备中，华尔纳的《扬基城丛书的资料汇编》(《扬基城丛书》第6卷）在准备中。——原注

分，反过来也成立。”[120]不仅如此，“大多数社会有一个基本的结构，它把社会的其他部分综合起来成为一个整体，表现出它特有的形式”[121]和“决定其中个人的基本的状况”[122]，也就是他是否能与社会协调。

新的假定的形成和试验的期间是从1932年到1936年。

研究部计划的主要发展路线，到这个时候已经开始出现。例如，我们逐步明确了一个管理者任务中的主要部分是满足这个组织服务的人们的需要，这与促进企业本身进步的目的有相同的重要性。一个管理者，并不需要考虑在这两项好事中去做哪一项，而是要把这两项事情统一在他所决定采取的行动里。一个人，在工作上所获得的满足感来自他的个人经验和思想方法，同时也同他所属团体的社会规范密切相关。我们试图将这些个人的和社会的事实，及其在行政管理上产生的意义，都需要详细地表达出来。而且这些现象不仅存在于工业社会中，也存在于社会生活的各个层面，因而我们在包括商业的和非商业的领域中进行试验，用新的资料来加以提炼，这些有助于在研究里显露一些简单而明显的事实。

6.美国南方社团研究。这些研究发表于戴维斯、B.B.加德纳和

[120] 参见华尔纳和伦特的《现代社团的社会生活》第13页。——原注
[121] 同上书第36页。——原注
[122] 同上书第35页。——原注

M.R.加德纳的《南方深处》[123]，叙述了偏僻南部的种姓阶级制度，并通过这个分析重新考察了南部的经济制度以及政治制度。

7.对于尚未工业化的团体里的人事和社会问题的研究。这些研究发表在阿伦斯伯格的《爱尔兰乡下人》[124]和阿伦斯伯格和索愉·金贝耳的《爱尔兰的家庭和社团》[125]中。我们通过安排这个社会秩序的家庭关系，来分析包括经济生活在内的爱尔兰的社团生活。

8.诺福克[126]犯人聚居地的研究。这些研究和其他的研究配合在一起，对改造犯人的办法做了一个分类。这个分类并不是发掘他们所犯的罪行，而是分析发生犯罪行为的情况里所存在的真正的因素。这个分类法参见康芒斯、雅库比和鲍尔土的《马萨诸塞州诺稻克犯人聚居地犯人改造的发展》[127]第136–137页。

9.个人的社会协调的研究的扩展。为了使研究工作者能熟悉一些大学研究所以外的情况来扩大他们的背景知识，我们在这个时期同一个大医院的门诊部合作进行了这项研究。这项研究持续了数年，使得研究部的成员能采集到足够多的人口信息，来进行他们对个人的研究。

[123] 《南方深处》，(芝加哥大学出版部，1941年版)。——译者注

[124] 《爱尔兰乡下人》，(纽约，麦克米伦公司，1937年版)。——译者注

[125] 《爱尔兰的家庭和社团》，(哈佛大学出版部，1940年剑桥版)。——译者注

[126] 诺福克是美国弗吉尼亚州第一大城市和港口。位于伊丽莎白河畔，扼切萨皮克湾咽喉。与朴次茅斯、汉普顿、纽波特纽斯三城隔河相望。面积140.4平方千米。——译者注

[127] 该书由纽约社会卫生局于1940年刊行。——译者注

这项研究的结果的总结见于梅奥的论文《恐惧的人们》[128]。

10.失业问题的研究。这个时期的其他研究，比如对失业问题的现场实例的研究的结论，已经发表在西累克曼教授的教材和论文中。这些研究进一步探索了个人、雇用个人的组织和众多社团三者之间的关系。

观点的传达（1936—1945）

1935年及以后，研究部成员参加了卡伯特教授的商业行政周末讨论会，这是一个与人事和劳工关系问题不同观点上的系列会议。1936年，研究部为哈佛大学商学院的学生开出第一门课程“行政管理中人的问题”。研究部开始从这些活动中实验如何用研究计划中得来的结论，来训练研究生和有经验的人。这些教育上的实验，后来在拉德克利夫学院[129]的研究院、哈佛大学的本科、若干哈佛大学商学院所开办的战时训练班和许多其他学校里继续进行。这些课程，有些一开始着重所谓“参谋”专家处理特殊的人事问题，后来很快侧重于培训身负

[128] 该论文载《哈佛大学医学院校友公报》第 8 卷第 2 期，1939 年。——译者注

[129] 拉德克利夫学院曾是位于美国马萨诸塞州剑桥的一个女子文理学院，创建于 1879 年，为美国七姐妹学院之一。1963 年始授予其毕业生哈佛—拉德克利夫联合文凭；1977 年与哈佛签署正式合并协议；1999 年全面整合到哈佛大学。——译者注

"贯彻下去"职责的管理者所需要的技术。

经验证明，教材中的实例讨论法的效果很好，研究部的成员越来越注意发展这类的资料。毕哥尔斯、麦肯尼和阿姆斯特朗合著的《劳工关系里的社会问题》[130]就是很好的材料。研究部在近年来也特别编辑了相当数量的实例资料。下面所要提到的一些研究的目的就是发展这一类型的资料。

在这个时期里的许多研究工作都集中讨论了在各种不同商业情况里的行政管理技术。

11.对大公司总部的组织与制造部门或工作现场的组织间的关系的研究。这些研究格外注意人事在其中所起到的作用，并着重指出了工头和工人的私人关系的重要性。

12.一个萧条的煤矿区重建社团的研究。这项研究的结论发表在理查逊的《一个萧条的煤矿区的社团的重建》[131]中，此研究在一个具体场所里对社团计划的实用力量进行了探索。

13.行政赔偿的研究。我们访问了一百多个组织的管理者，获得了他们对赔偿的看法，研究了这些公司的社会组织形式和他们所采用的赔偿制度的关系。研究结果显示执行赔偿制度的后果对鼓动积极性方

[130]《劳工关系里的社会问题》,(纽约，麦格拉-希耳图书公司,1939年版)。——译者注

[131]《实用人类学》，第1部分第1卷第1期，1941年10月；第2部分第1卷第3期，1942年4-6月。——译者注

面的作用，不及赔偿本身来得直接。

14.对一个百货公司的经营管理者、女售货员和顾客关系的研究。这个研究集中在女售货员和顾客的关系上。这个关系和工厂情况不同，它决定女售货员的售货量和她所提供的服务类型，以及行政管理组织的形式。

15.对于源于技术改变而严重发生失业的一个工业社团的研究。我们曾进行广泛的现场调查，但最终因战争发生而被迫停止。

16.对在仲裁程序里所呈现的行政—工会—社团的关系的研究。这些研究意在探索劳工关系中所有相互联系的因素。西累克曼正在编写这些研究的全面报告。

17.对在战争初期工业快速扩张中经营管理和工人的关系的研究。这些研究分为两个部分：

（1）比较研究了十二到十五个快速扩张的工厂，研究的结果已经被合并在当时生产管理局工业内部训练组的工作关系训练计划里。

（2）对一个扩张很快的组织进行深入的研究。这个研究详细地探索了一个扩张计划，怎样影响一个本来业绩显赫的规模为三四百人“家庭组织”性质公司的管理技术和组织形式。

这些研究的某些结论，已经发表在罗特利斯伯格教授的论文《工头：自相矛盾的主人和受害人》[132]中。

18.对战时工业缺勤问题的研究。这些研究发表于福克斯和斯科特的《缺勤：经营管理的问题》[133]中。这些研究探索了行政管理上，如何尽量减少倾向于增加缺勤的工作场所的外部因素，从而能控制工人的缺勤率。研究结果表明，如果行政管理上能给工人以机会去发展，他们自己对处理纪律的责任心，就可以得到很好的结果。

19.对劳工转业的研究。这些研究的结论，已经发表在梅奥和隆巴德的《加利福尼亚南部航空工业中的团体协作和劳工转业》[134]中。这个研究明确了管理者在人事关系上的任务，是建立有效的工作队伍。这个研究，根据这些队伍形成的方式进行了一个暂时的分类。

上述不同的研究，都使研究部对组织、处理和传达有关行政管理研究的结果和组织有关训练计划的理解，不断得到新的启发。

---

[132] 参见《哈佛商业评论》第23卷第3期，1945年春季。——译者注

[133] 参见《哈佛大学商学院研究部商业研究》第29号，1943年。——译者注

[134] 参见《哈佛大学商学院研究部商业研究》第32号，1944年。——译者注